역사란 무엇인가

카 지음 | 권오석 옮김

홍신문화사

역사란 무엇인가

카 지음 | 권오석 옮김

홍신문화사

역사란 무엇인가

contents

제1장 역사가와 사실 _ 4

제2장 사회와 개인 _ 36

제3장 역사와 과학과 도덕 _ 68

제4장 역사에서의 인과관계 _ 107

제5장 진보로서의 역사 _ 136

제6장 넓어지는 지평선 _ 167

옮긴이의 말 _ 196

색 인 _ 201

역사가와 사실 1장

역사란 무엇인가? 이와 같은 물음은 아무 의미가 없다든가, 또는 불필요하다고 생각하는 사람이 있을지 모르므로, 나는 《케임브리지 근대사(近代史)》의 제1차 및 제2차 간행과 제각기 관계가 있는 두 구절을 인용하여 주제로 삼을까 한다.

케임브리지 대학 출판부 특별 평의원들에게 보낸 1896년 10월의 보고서에서, 액턴(Acton : 영국의 역사가. 1834~1902)은 자기가 담당해 온 역사 편찬 사업에 대해 이렇게 말했다.

"19세기가 후세에 남기려고 하는 지식을 전부 다 기록하는 데는, 또 그것을 많은 사람에게 도움이 되게 하는 데는 지금이 그야말로 유일무이한 기회이다. 슬기로운 분업(分業) 덕분에 우리는 이 일을 할 수 있는 것이며, 이 국제적인 연구에 의한 가장 새로운 문서와 가장 원숙한 결론들을 모든 사람들에게 똑똑히 알릴 수 있다.

우리 세대는 현재로서는 아직 완전한 역사를 가질 수 없다. 그러나 우리는 과거의 상투적인 역사를 처리할 수 있고, 또한 한 지점에서 다른 지점에 이르는 도상에서 우리가 지금 도달한 지점을 알려줄 수는 있다. 오늘날에는 어떤 지식이든지 알아낼 수 있으며, 어떤 문제라도 해결할 수 있도록 되어 있기 때문이다."[1]

---

[1] *The Cambridge Modern History : Its Origin, Authorship and Production*(1907), pp. 10~12.

그로부터 거의 정확하게 60년 뒤, 조지 클라크(George Clark ; 영국의 역사가. 1890~1979) 교수는 제2차 《케임브리지 근대사》의 서론에서 언젠가는 '완전한 역사'를 만들 수 있다는 액턴과 그의 동료들의 믿음에 대해 다음과 같이 논평하였다.

"그 후의 역사가들은 전혀 그런 예견을 갖지 않는다. 그들은 자기들의 일이 계속해서 극복되기를 기대하고 있다. 그들은 한 사람, 또는 몇 사람의 정신을 통해서 전해져 온 과거에 대한 지식이 그들에 의해서 '가공된' 것이라는 사실, 따라서 결코 바뀌지 않을 원소적(元素的)이며 비인간적인 원자로 구성될 수는 없다는 것을 잘 알고 있다…….

탐구의 길은 한이 없는 것처럼 생각되어, 이런 성급한 학자들은 회의주의로 피해버리거나, 모든 역사적 판단에는 인간 관점이란 요소가 포함되기 때문에 하나의 역사적 사실은 또 다른 사실과 유사하며, '객관적'인 역사적 진리는 존재할 수 없다는 학설로 도피하고 있다." [2]

이와 같이 대학자들이 서로 맹렬히 충돌하고 있을 때는 그 분야가 연구에 있어서 크게 융통성을 갖게 된다.

나는 자신이, 무엇이건 1890년대에 씌어진 것은 모두 난센스라고 말하기에 충분할 만큼 현대적이기를 바란다. 그렇다고 해서, 1950년대에 씌어진 것이라면 어떤 것이나 모두 뜻이 있다는 견해를 수긍하는 데까지 진보되지는 않았다. 실제로 이런 연구는 흔히 역사라는 것의 본질보다도 상당히 광범한 문제로 들어가게 마련이라는 것을 이미 깨달았을 줄 안다.

액턴과 클라크의 경우가 이렇게 서로 엇갈리는 것은 이 두 발언 사이의 기간 동안에 일어난 우리의 전반적인 사회관의 변천을 반영하는 것이다. 액턴이 빅토

---

[2] *The New Cambridge Modern History*, i(1957), pp. xxiv~xxv.

리아 시대 후기의 적극적인 신념과 냉정한 자신을 정직하게 말하고 있는 것에 비해서 클라크는 비트 제너레이션(beat generation)의 당혹과 혼란스런 회의주의를 권하고 있다.

'역사란 무엇인가?'라는 문제에 대해서 답하려고 할 때 우리의 대답은 의식적이건 무의식적이건 우리의 시대적 관점을 반영하고, 또 그 대답은 우리가 현재 생활을 영위하고 있는 사회를 어떻게 보느냐 하는 더 광범한 문제에 대한 우리의 대답의 한 부분을 형성하는 것이다.

자세히 검토해 보면 나의 연구 주제가 중요하지 않게 보일지도 모르지만, 나는 걱정하지 않는다. 나는 다만 이와 같이 광범위하고 중대한 문제를 꺼내어 주제넘다는 말을 듣지 않을까 그것이 두려울 따름이다.

19세기는 사실을 매우 존중하던 시대였다.

《고된 시기》(찰스 디킨스의 소설)의 주인공 그래드그라인드는 이렇게 말하고 있다.

"내가 원하고 있는 것은 사실이다…… 인생에서 필요한 것은 오직 사실뿐이다."

19세기의 역사가들은 대부분 그의 의견에 동의하고 있다.

1830년대에 랑케는 역사가가 할 일에 대해 "도덕주의적 역사에 대해서 정당한 항의를 시도하고, 오직 틀림없는 사실을 보여주는 것뿐이다."라고 했지만, 이 그다지 심오하다고 할 수 없는 경구(驚句)는 놀라운 성공을 거둔 바 있다.

3세대에 걸쳐서 독일, 영국, 아니 프랑스의 역사가들까지도 '틀림없는 사실'이라는 마법의 말을 주문처럼 외우면서 진군했다. 이 주문도 대부분의 주문과 마찬가지로 역사가들로 하여금 혼자서 생각하는 귀찮은 의무에서 벗어나도록 하기 위해 만들어진 것이었다.

과학으로서의 역사를 역설하는 실증주의자(實證主義者)들은 그 강력한 영향력을 과시하여 이 사실 숭배를 조장했다. "우선 사실을 확인하라, 그런 다음 사실에서 결론을 추출해야 한다."고 실증주의자들은 말했다.

영국에서는 이 역사관이 로크(Locke)에서 러셀(Russell)에 이르는 영국 철학의 지배적 조류인 경험론의 전통과 완전히 조화되었다. 경험주의의 인식론은 주관과 객관의 완벽한 분리를 전제로 한다.

사실이란 감각적인 인상과 마찬가지로 외부에서부터 관찰자에게로 부딪쳐 오는 것이며, 따라서 관찰자의 의식과는 별개라는 것이다.

이것을 받는 과정은 수동적인 것, 다시 말해서 주는 것을 받은 뒤에 관찰자가 이에 작용한다는 것이다. 《옥스퍼드 중사전(中辭典)》은 편리한 대신 경험주의 학파의 선전서 구실을 하고 있는 책인데, 사실이란 '추론과는 전혀 다른 경험의 소여(所與)'라고 정의함으로써 두 과정이 별개의 것임을 분명히 하고 있다.

이것은 역사에 대한 상식적인 관점이라고 부를 만한 것이다. 역사란 확인된 사실의 집성(集成)으로 이루어진다는 말이 된다.

생선을 생선가게에서 살 수 있는 것처럼 역사가들은 문서나 비문(碑文) 속에서 사실을 얻을 수 있다. 역사가는 사실을 얻어 집에 가지고 가서 조리하여 자기가 좋아하는 방식으로 식탁에 내놓는 것이다.

요리에 대한 취미가 대단치 않았던 액턴은 사실을 그대로 식탁에 올려놓으려고 했다. 그는 제1차 《케임브리지 근대사》 집필자들에 대한 지시서에서 다음과 같은 주문을 한 일이 있다.

"워털루 전사(戰史)는, 프랑스 인이나 영국인이나 독일인이나 네덜란드 인을 두루 만족시키는 것이어야만 하고, 집필자의 명단을 조사해 보지 않는 한 옥스퍼드의 주교가 어디까지 썼고, 그 뒤를 이어 쓴 것이 페어베언(Fairbairn ; 영국의 프로테스탄트 신학자. 1838~1912)인지, 가스퀘트(Gasquet ; 영국의 가톨릭 성직자,

역사가, 1852~1929)인지, 아니면 리버먼인지, 해리슨인지, 어느 누구도 알 수 없는 것이어야 한다."**3**

액턴의 태도에 대해 비판적인 클라크까지도, 역사에서의 '사실이라는 굳은 핵심'과 '그것을 감싸고 있는 의심스러운 해석이라는 과육(果肉)'**4**을 대비시키고 있지만, 그는 아마 과일은 과육 부분이 굳은 핵심보다 쓸모 있는 것임을 잊었던 것 같다.

"우선 사실을 확실하게 손에 넣어라. 그런 다음 해석이라는 모래의 흐름으로 용감하게 돌진하라."

이것이 역사에 있어서의 경험적이고 일반적인 학파의 궁극적인 지혜이다. 이것은 저 위대한 자유주의적 저널리스트 C. P. 스콧이 좋아하는 "사실은 신성하며, 의견은 제멋대로이다."라는 격언을 연상시킨다.

그러나 오늘날에는 아무래도 그렇게 되지는 않을 것이다. 나는 과거에 관한 우리 지식의 본질에 대해서 철학적인 토의를 시작할 생각은 추호도 없다.

편의상 카이사르가 루비콘 강을 건넜다는 사실과 방 한가운데에 테이블이 있다는 사실이 같은 종류 내지는 비슷한 종류의 사실이라고 가정하자. 그리고 이 두 사실이 같은 방법 혹은 유사한 방법으로 우리의 의식에 들어온다고 가정하자. 또한 이 두 사실이 이것을 아는 사람과의 관계에 있어서 같은 객관적 성격을 가졌다고 가정하자.

그러나 이런 것은 약간 망설여지는 대담스런 가정이지만, 이렇게 가정해 보아도 우리의 논의는 과거에 관한 모든 사실이 역사적 사실인 것도 아니고, 역

---

3 Acton, *Lectures on Modern History* (1906), p. 318.
4 *The Listener*, 19, June 1952, p. 992에서 인용.

사가에 의해서 역사적 사실로서 취급되고 있는 것도 아니라는 문제에 당면하게 된다.

역사상의 사실을 과거에 관한 다른 사실과 구별하는 기준은 무엇일까?

과연 역사적 사실이란 무엇인가? 이것은 좀더 면밀히 연구되어야 할 중대한 문제이다. 일반적인 견해에 따르면, 모든 역사가에게 공통되는 기초적인 사실이 있어서 이것이 말하자면 역사의 척추가 되는데, 헤이스팅스 전투가 1066년에 전개되었다는 사실 따위가 그 예라는 것이다.

그러나 이러한 견해에는 다음의 두 가지 고찰이 요구된다. 첫째, 역사가가 우선적으로 관심을 갖는 것은 이와 같은 사실이 아니다. 대전투가 1065년이나 1067년이 아닌 1066년에 일어났다는 것과, 그것이 이스트본이나 브라이턴이 아닌 헤이스팅스라는 사실을 아는 것은 확실히 중요할 것이다. 역사가는 이런 점에 오류를 범해서는 안 된다.

그러나 이런 점이 강조될 때마다 나는 "정확은 의무일 뿐 미덕이 아니다."[5]라고 한 하우스먼(A. E. Housman ; 영국의 시인, 고전학자. 1859~1936)의 말을 떠올린다.

역사가를 그 정확함으로 칭찬하는 것은, 공사에 잘 건조된 목재를 사용했다든가 잘 혼합된 콘크리트를 사용했다는 사실로 건축가를 칭찬하는 것과 같다. 그런 것은 그가 하는 일의 필요 조건이지 그 본질적인 기능은 아니기 때문이다.

이런 점에 대해서야말로 역사가는 역사의 '보조 과학'이라고 불리어 온 고고학·금석문학(金石文學)·고전학(古錢學)·연대학(年代學)의 도움을 받을 수 있다.

도자기나 대리석 조각에 관한 계보나 연대를 결정하고, 뜻을 알 수 없는 비문

---

[5] *M. Manilii Astronomicon : Liber Primus*(2nd ed., 1937), p. 87.

(碑文)을 해독하고, 정확한 날짜를 정하는 데에 필요한 정밀한 천문학적 계산을 해낼 수 있는 전문가적인 특수 기능은 역사가에게는 필요하지 않다.

역사가들에게 공통되는 소위 기본적인 사실은 일반적으로 역사가가 사용하는 재료에 속하는 것일 뿐 역사 그 자체에 속하는 것은 아니다.

두 번째 고찰은, 그러한 기초적 사실을 밝히는 것이 필요하다고 해도 그것은 사실 자체가 지닌 어떤 성질에 의하는 것이라기보다는 역사가의 선천적인 결론에 의거한다는 것이다.

C. P. 스콧의 주장에도 불구하고, 여론에 영향력을 가하는 가장 효과적인 방법은 편리한 사실을 선택하여 배열하는 것임을 오늘날의 저널리스트라면 누구나 다 알고 있다.

흔히 사실은 그 자체로써 말한다고 한다. 물론 이것은 잘못이다. 사실은 역사가가 사실에 입김을 불어넣었을 경우에만 말하는 것이다. 그리고 어떤 사실에 어떤 순서, 어떤 문맥으로 발언을 허용하느냐 하는 것도 역사가의 소임이다.

사실은 자루와 같아서 무엇을 담아야만 비로소 선다고 말한 것은 아마 피란델로의 작품에 나오는 인물일 것이다.

우리가 1066년에 헤이스팅스에서 전투가 벌어졌다는 것을 알고 싶어하는 이유는 오직 역사가들이 그것을 주요한 역사적 사건으로 보고 있기 때문이다. 카이사르가 루비콘이라는 조그만 강을 건넌 것이 역사상의 사실이라는 것은 역사가들이 자의로 정한 것이며, 그 전후에 몇 백만의 사람들이 그 강을 건넌 것은 전혀 누구의 관심도 끌지 못하고 있는 것이다.

과거의 사실이라는 점에서는, 여러분이 걸어서 혹은 자전거나 자동차로 30분 전에 이 건물에 도착했다는 사실도 카이사르가 루비콘 강을 건넌 사실과 마찬가지이다. 그러나 아마도 역사가는 이것을 무시할 것이다.

언젠가 탤콧 파슨스(T. Parsons ; 미국의 사회학자. 1902~1979) 교수는 과학을

'실재에 대한 지적 성향의 선택적 체계'[6]라고 한 일이 있다. 좀더 간단히 말할 수도 있었을 텐데 말이다.

그러나 역사라는 것은 특히 이런 것이다. 역사가는 필연적으로 선택을 한다. 역사가의 해석에서 떨어져 나와 객관적으로 존재하는 역사적 사실이라는 단단한 핵심을 믿는다는 것은 앞뒤가 뒤바뀌는 오류이다. 하지만 이 오류는 쉽사리 제거할 수가 없는 것이다.

이제는 과거에 대한 단순한 사실이 역사상의 사실로 바뀌어지는 과정을 살펴보자.

1850년, 스탤리브리지 웨이크스에서 대수롭지 않은 말다툼 끝에 성난 구경꾼들이 자질구레한 물건을 팔고 있던 한 장사꾼을 죽인 일이 있었다.

이것은 역사적 사실인가?

아마 1년 전이었다면, 나는 머뭇거림 없이 '아니다'라고 말했을 것이다. 이 사건을 목격한 사람의 기록이 거의 알려지지 않은 회고록[7]에 실려 있기는 하나, 역사가가 그것을 다룰 만한 가치가 있다고 판단하리라고는 생각하지 않았기 때문이다.

그런데 키트슨 클라크 박사(K. Clark ; 영국의 역사가. 1900~)가 1년 전 옥스퍼드의 포드 강연에서 이 사건에 대해 언급하였던 것이다.[8] 그러면 이것으로 역사적 사실이 되었을까?

내가 생각하기에 아직은 아닌 것 같다. 그 사건의 현재의 처지는, 이를테면 역사적 사실이란 상류층 모임의 회원으로 추천된 정도라고 생각한다. 즉 후원자와

---

[6] T. Parsons and E. Shils, *Towards a General Theory of Action*(3rd ed., 1954), p. 167.
[7] Lord George Sanger, *Seventy Years a Showman*(2nd, ed., 1926), pp. 188~189.
[8] Dr. Kitson Clark, *The Making of Victorian England*(1962).

스폰서를 기다리고 있는 격이다.

　이후 몇 년 안에 이 사실이 19세기 영국에 대한 논문이나 책에서, 처음으로 각주(脚註)에, 다음에는 본문에 드러나는 것을 보게 될지도 모르고, 20년이나 30년 후에는 확실한 역사적 사실이 될지도 모른다.

　그렇지 않으면, 후원하는 사람이 전혀 나타나지 않을지도 모른다. 그렇게 되면, 이 사건은 키트슨 클라크 박사가 친절하게도 구제하려고 애를 써 주었던 저 과거에 관한 비역사적 사실이라는 감옥으로 되돌아가게 될 것이다.

　이상의 두 가지 가운데 어느 쪽이 실현될 것인가? 생각건대, 그것은 키트슨 클라크 박사가 이 사건을 인용하여 확증하려고 했던 주장이나 해석을 다른 역사가들이 정당하고 의의가 있다고 인정하느냐 하지 않느냐에 달려 있을 것이다. 역사적 사실의 지위는 해석의 문제에 의존한다. 이 해석의 요소는 역사상의 모든 사실 속에 포함되어 있는 것이다.

　개인적인 회상을 용서하기 바란다. 몇 해 전 이 대학에서 고대사(古代史)를 연구할 때, 나는 '페르시아 전쟁 당시의 그리스'를 그 연구 주제로 삼았다.

　나는 책장에 15권 내지 20권쯤 되는 책을 쌓아놓고, 내 연구 주제와 관계있는 모든 사실은 이 책들에 기록되어 있다고 여겨도 무방하리라 믿었다.

　그 책들에 당시 내 연구 주제가 알려졌고 또 알려질 수 있었던 모든 사실이 수록되어 있었다고(이것은 매우 진실에 가까운 말이지만) 해보자. 그러나 일찍이 누군가가 알고 있었을 무궁무진한 사실 가운데서 소수의 선택된 사실들만이 살아남아 진짜 역사상의 사실이 된 것은 어떤 우연에 의한 것인지, 아니면 어떤 마멸 과정에 의한 것인지, 나로서는 생각해 볼 기분이 전혀 나지 않는다.

　현재 우리가 고대사 및 중세사에 매력을 느끼는 것도 일체의 사실이 손이 닿는 범위 안에 있다는 착각을 주기 때문이라고 생각한다. 즉 알려져 있는 얼마 안 되는 사실이 모두 역사상의 사실이기 때문에 역사상의 사실과 과거에 관한 다른 사실 사이의 번거로운 구별이 사라져 버린 것이다.

버리(I. B. Bury ; 영국의 역사가. 1861~1927)는 고대와 중세에 대해 연구했는데, 그는 "고대 및 중세의 역사에 대한 기록은 너무 많이 누락되어 있다."[9]고 말했다.

역사는 잃어버린 조각이 많은 대규모의 그림 퍼즐이라고 불리어 왔다. 그러나 주된 고민은 누락에 있는 것이 아니다. 우리가 알고 있는 기원전 5세기의 그리스의 모습이 불완전한 것은, 많은 사실이 우연히 누락되었다는 데 주된 이유가 있는 것이 아니고, 오히려 전체적으로 그것이 아테네 시의 주민 가운데 극히 소수에 의해서 형성된 모습이라는 이유 때문이다.

우리는 아테네 시민의 눈에 기원전 5세기의 그리스가 어떻게 비쳤을 것인가 잘 알고 있지만, 스파르타 인의 눈에, 코린트 인의 눈에, 테베 인의 눈에(페르시아 인이나 노예나 그밖에 아테네 시민이 아니면서 거기에 살고 있던 사람들까지 들추어낼 생각은 없지만) 어떻게 보였는가 하는 데 대해서는 아는 바가 거의 없다.

우리가 알고 있는 모습은 우리를 위해서 미리 선택되고 결정되었으며, 그것은 우연에 의해서라기보다는 오히려(의식적인가 아닌가의 여부는 차치하더라도) 어떤 특정한 견해에 완전히 물든 사람들이 확언하는 사실이야말로 보존할 가치가 있다고 생각한 사람들에 의해서이다.

중세에 대해 쓴 오늘날의 역사서 중에서도 중세 사람들은 종교에 깊은 관심을 갖고 있었다고 씌어진 것을 읽으면, 어떻게 그것을 알 수 있을까, 사실 그럴까 하고 나는 의문을 품게 된다.

그리고 우리가 중세사의 사실로 알고 있는 것은 거의 예고 없이 연대기(年代記) 작자들이 몇 대에 걸쳐서 우리를 위해 골라준 것이지만, 그 연대기 작자들로 말

---

[9] I.B. Bury, *Selected Essays*(1930), p. 52.

하면 그 직업상 종교의 이론과 실천에만 정신이 쏠려 있던 사람들이다. 따라서 그들은 종교를 다른 무엇보다 중요한 것으로 생각하고 종교와 연관된 것은 무엇이나 기록했지만, 다른 일은 소홀하게 다루었다.

1917년의 혁명은 신앙심 깊은 러시아 농민의 모습을 파괴해 버렸다. 신앙심 깊은 중세인의 모습은 그것이 진실이건 진실이 아니건 이제는 부술 수가 없다. 왜냐하면 중세인에 대해서 알려져 있는 거의 모든 사실은 그것을 믿고 있던 사람들, 다른 사람들이 그것을 믿기를 바라던 사람들이 우리를 위해서 미리 선별해 놓은 것이기 때문이다.

또한 어쩌면 그 반대의 증거가 되었을 다른 많은 사실은 누락되어서 이미 되찾을 도리가 없기 때문이다.

이미 사라진 몇 세대인가의 역사가, 기록자, 연대기 작자의 죽은 손에 의해서 과거의 형태가 정해져 버려서, 지금으로서는 상고(上告)해 볼 여지도 없다.

바라클러프(G. Barraclough ; 영국의 역사가. 1908~1984) 교수는 자신이 중세사가(中世史家)로서 연구를 한 사람이지만, 다음과 같이 쓰고 있다.

"우리가 읽고 있는 역사는 분명히 그 사실을 바탕으로 하고 있다. 그러나 엄밀히 말하면 그것은 결코 사실이 아니라 광범위하게 인정되고 있는 일련의 판단이다."[10]

이제 근대사가 직면하고 있는, 앞서의 것과는 다른, 하지만 앞서의 것과 마찬가지로 심각한 난제 쪽으로 화제를 돌려볼까 한다.

우리는 고대사와 중세사가 거대한 도태 과정 덕분에 역사적 사실의 적당한 사료집을 얻게 된 것에 대해 감사해도 좋을 것이다. 리턴 스트래치(Lytton Strachey ; 영국의 전기 작가. 1880~1932)는 정색을 하고 다음과 같이 말하고 있

---

[10] G. Barraclough, *History in a Changing World*(1955), p. 14.

다. "무지(無知)는 역사가의 첫째 조건이다. 무지는 단순하게 만들고, 명료하게 만들고, 선택하고, 버린다."[11]

나는 때때로 고대사나 중세사의 저술에 몰두하고 있는 학자들의 대단한 능력에 부러움을 느끼지만, 그런 때는 그들이 대단한 능력이 있는 것은 주로 자기들의 연구 주제에 대해서 아주 무지하기 때문이라고 간주함으로써 자위하기로 하였다.

이와 같이 뿌리 깊은 무지의 이익을 근대사는 전혀 누리지 못하고 있다. 근대사가는 필요한 무지를 자기 스스로 배양해야 하며, 자기 자신의 시대에 접근할수록 그것은 더욱 절대적이다. 즉 그에게는 몇 가지 중요한 사실을 발견하여 역사상의 사실로 만드는 동시에 많은 중요하지 않은 사실을 비역사적 사실로서 버리는 이중의 일이 있는 것이다.

하지만 이것은 역사란 논의할 여지가 없는 객관적 사실을 가능한 한 많이 편찬하는 일이라고 생각하는 19세기의 이단설(異端說)과는 완전히 모순된다. 누구를 막론하고 이 이단설에 굴복한 사람은, 역사를 비경제적인 일이라고 포기하고 우표 수집, 고물 수집 등으로 전향하거나 아니면 정신병원에 들어가 버리고 말 것이다.

과거 백 년 동안 근대사가에게 파괴적인 영향력을 행사한 이 이단설은 독일, 영국, 미국 등 여러 나라에 무의미한 사실사(事實史)의 세밀하고 소상한 연구 논문을 양산하고, 나아가서는 사실의 바다 속에 자취도 없이 잠겨버릴 자질구레한 일을 더욱 많이 아는 사이비 역사가의 거대한 집단을, 나날이 거대해지는 일대 집단을 낳고 말았다.

이 이단설이야말로 자유주의자로서의 충성과 가톨릭 신자로서의 충성 사이에

---

[11] Lytton Strachey, Preface to *Eminent Victorians*.

존재했던 갈등에 앞서 역사가로서의 액턴을 무릎 꿇게 한 것이 아닐까 하는 생각이 든다. 오래 된 논문에서 그는 은사 폰 될링거에 대해서 이렇게 말하고 있다.

"그는 완전치 못한 자료를 가지고는 쓰려고 하지 않았는데, 그의 경우 항상 자료가 불완전했다."[12]

분명히 액턴은 이런 말로써 자기 자신에 대해서, 즉 케임브리지 대학의 근대사 칙임 강좌(勅任講座)의 담당자 가운데서 가장 뛰어난 인물로 널리 인정받던 자신이 한 번도 역사를 쓰지 않았다는 알 수 없는 현상에 대해서 미리 판결을 내렸던 것이다.

그리고 액턴은 그를 '문필가에서 백과사전 편찬자로 전향시키려 하고 있는'[13] 역사가에게 제시된 요구에 대하여 그의 사후에 곧바로 간행된 《케임브리지 근대사》 제1권의 서론에서 한탄했는데, 이때 그는 스스로의 묘비명을 쓴 셈이다.

무엇인가 잘못되어 있었던 것이다.

그 잘못은 명확한 사실이라는 것을 역사의 기초로 보고 그것을 지칠 줄 모르고 계속적으로 수집해야 한다는 믿음, 사실은 스스로 말한다든가, 사실은 아무리 모아도 지나치지 않다는 믿음, 요컨대 그 시대의 어떤 절대적 신앙을 말한다. 그것이 얼마나 절대적인가 하면, 당시 '역사란 무엇인가?' 하는 질문을 해볼 필요가 있다고 생각하는 역사가가(오늘날에도 어떤 역사가들은 불필요하다고 생각하고 있지만) 거의 없었을 정도이다.

19세기의 사실에 대한 숭배는 문서(文書)에 대한 숭배에 의해서 완성되고 정당

---

[12] G. P. Gooch, *History and Historians in the Nineteenth Century*, p.385에서 인용된 말. 그후 액턴은 될링거에 대하여 다시 이렇게 말했다. "그는 사람이 손에 넣을 수 있는 최대한의 사실을 바탕으로 하여 스스로의 역사 철학을 창조했다."(*History of Froodom and Other Essays*, 1907, p. 435.)
[13] The *Cambridge Modern History*, i(1902), p. 4.

화되었다. 문서는 사실의 신전(神殿)에 있는 '계약의 궤'였다.

경건한 역사가는 머리를 숙이고 문서에 다가가서 공손한 어조로 문서에 대해서 말했다. 만약 문서 가운데 있으면 그것이 곧 사실이었다.

하지만 우리가 문서에 손을 댈 때, 그 문서들, 즉 법령, 조약, 대부(貸付) 장부, 청서(靑書), 공식 서한, 개인적인 편지, 일기 등은 우리에게 무엇을 말해 줄까?

그 어떤 문서도 그 문서의 필자가 생각하고 있었던 것 이상의 사실을 우리에게 말해 줄 수는 없다. 다시 말해서, 그 필자가 일어났다고 생각한 것, 일어나야 한다든가 일어나리라고 생각한 것, 혹은 다만 그가 생각하고 있다는 것을 남이 알아주었으면 싶었던 것, 단지 자기가 생각하고 있다고 스스로 생각했을 뿐인 것 이상을 우리에게 말해 줄 수는 없는 것이다.

역사가가 문서를 연구하여 해독할 때까지는 모든 것이 어떤 의미도 갖지 않는다. 사실이라는 것은 문서에 실려 있건 없건 역사가의 손으로 처리되어야만 비로소 역사가들이 쓸 수 있는 것이다. 이런 식의 표현이 허용된다면, 역사가가 사실을 이용한다는 것이 곧 이 처리과정인 것이다.

우연히 자세하게 알 기회가 있었던 한 가지 사례로써 내가 말하고자 하는 바를 설명해 볼까 한다. 바이마르 시대의 독일 외상으로 1929년에 세상을 떠난 구스타프 슈트레제만은 굉장한 분량(3백 상자 남짓)의 공식 또는 비공식의 개인 서류를 남겼다. 그 서류의 대부분은 그가 6년 동안 재직한 외상직과 관련된 것이었다.

그의 친구들이나 친척들은 당연히 그것으로 이 위대한 인물을 위한 기념사업을 해야 한다고 생각했다. 충실한 비서였던 베른하르트가 이 일에 착수했다. 그리하여 3년 뒤에 3백 개의 상자 속에서 선별된 문서가 《슈트레제만의 유산》이라는 인상 깊은 제목으로 전3권, 각권 6백 페이지의 방대한 분량으로 출판되기에 이르렀다.

대부분의 경우 문서 그 자체는 지하실이나 다락방에서 썩어 영원히 사장되거나, 그렇지 않으면 백 년쯤 지났을 때 어느 호기심 많은 학자가 발견하여 베른하르트가 편찬한 책과의 비교작업이라도 시작하게 되었을 것이다.

그런데 1945년에 보다 극적인 일이 발생하였다. 영·미 양국 정부가 이 문서를 입수하여 사진으로 찍어서 런던의 퍼블릭 레코드 오피스와 워싱턴의 내셔널 아카이브즈의 학자들에게 복사판을 돌려 처리하도록 했는데, 그 결과 어느 정도의 인내력과 호기심만 있다면 베른하르트가 한 일을 정확히 알아볼 수 있게 되었다.

베른하르트가 한 일은 별로 이상한 것도, 또 별로 충격적인 것도 아니었다. 슈트레제만이 세상을 떠났을 당시, 그의 서방정책(西方政策)은 몇 가지 훌륭한 성공(로카르노 조약, 독일의 국제연맹 가입, 도즈 계획, 영 계획, 미국의 차관(借款), 연합국 점령군의 라인란트로부터의 철수 등)으로 장식되어 있는 듯이 생각되었다. 그것은 슈트레제만의 외교정책 중에서 중요하고도 성공적인 것으로 간주되었으므로, 그 점이 베른하르트의 문서 선택에 있어서 좀 지나치게 부각되었다 하더라도 부자연스러운 일은 아니었다.

그 반면, 슈트레제만의 동방정책(東方政策), 곧 소련과의 관계는 내세울 만한 성과도 없이 끝난 듯이 보여지고 있었다. 소득 없는 교섭에 관한 대량의 문서는 별로 흥미있는 것이 아니며, 슈트레제만의 명성에 도움될 점이 전혀 없다면, 선택의 방법도 당연히 한층 더 엄격해졌을 것이다.

그런데 사실은 좀 다르다. 베른하르트가 편찬한 문서집의 독자가 추측하는 것 이상으로 슈트레제만은 소련과의 관계에 끊임없이 주의를 기울였으며, 그 관계가 그의 외교정책 전체 가운데서 큰 역할을 했었다. 그렇다고 해도, 베른하르트가 편찬한 《슈트레제만의 유산》 전3권은 보통의 역사가들이 맹목적으로 믿고 있는 여타의 많은 문서집에 비하면 훌륭한 것이 아닌가 한다.

내 이야기가 이것으로 다 끝난 것은 아니다. 베른하르트가 편찬한 문서집이 출판되고 나서 얼마 후에 히틀러가 권좌에 올랐다. 그와 함께 슈트레제만의 이름은 독일에서 잊혀지고, 그의 저서는 서점에서 사라졌으며, 상당 부수가, 아니 거의 대부분이 말살된 것이 분명하다. 오늘날 《슈트레제만의 유산》은 매우 진귀한 책이 되어 있다. 하지만 서구에서는 슈트레제만의 명성이 높았다. 1935년, 영국의 어느 출판사는 베른하르트 저서의 축소판을(베른하르트가 만든 발췌집의 발췌집이라고 할 수 있는 것이다) 출판했다. 대체로 원문의 3분의 1은 삭제되어 있다.

이 작업은 독일어 문헌의 번역자로 이름난 서턴이 아주 훌륭하게 해냈다. 서턴은 그 서문에서 이 영역판(英譯版)은 "다소 축소돼 있지만, 영국의 독자나 연구자에게는 그다지 흥미가 없는, 오히려 생명이 짧다고 여겨지는 사항을 약간 삭제한 것에 불과하다."[14]고 밝히고 있다.

이 또한 자연스러운 일이다. 하지만 그 결과, 베른하르트의 책에서 이미 가볍게 취급된 슈트레제만의 동방정책은 그 존재가 더욱 희미해져서 서턴의 책에서는 마치 우연한 기회에 끼여든 반갑잖은 침입자처럼 되었다. 그러나 소수의 전문가는 다르겠지만, 슈트레제만의 정식 의견을 서구 세계에 표명한 것은 서턴이지 베른하르트가 아니다(더구나 문서 그 자체는 아니다)라고 말해도 무방하다.

만일 1945년에 이 문서가 폭격으로 소실되었더라면, 또 베른하르트 책의 나머지가 없어졌다면, 서턴의 가치와 권위는 결코 의심을 받지 않았을 것이다. 원본이 없다는 이유로 역사가들이 감사하게 받아들이고 있는 많은 활자본 문서도 이보다 확실한 토대 위에 서 있지는 않다.

이제 이 이야기를 한 걸음 더 진행시킬까 한다. 베른하르트나 서턴은 그만 잊어버리기로 하자. 그리고 마음이 내키거든, 최근의 유럽 역사에서 발생한 몇 가

---

14 Gustav Stresemann, *His Diaries, Letters and Papers*, i(1935), Editor's Note.

지 중요한 사건의 지도적 관계자 한 사람이 남긴 가치 있는 문서를 참조할 수 있게 된 데 감사하기로 하자.

그 문서들이 우리에게 말하고자 하는 바는 무엇일까? 무엇보다도 그 문서에는 슈트레제만이 베를린 주재 소련 대사와 가진 수백 번의 회담이나 치체린(소련의 외교관. 1872~1936)과 가진 약 20회쯤의 회담에 관한 기록이 포함되어 있다.

그 기록에는 하나의 공통적인 특징이 있다. 그것은 슈트레제만이 이 회담에서 주도권을 장악하고 있는 모습을 그리고 있으며, 그의 이론이 언제나 합당하고 설득력이 있는 데 비해 상대편의 이론은 대체로 빈약하고 무질서하며 설득력이 없다는 것을 밝히고 있다.

이런 특징은 외교상의 회담에 관한 모든 기록을 통해서 흔히 볼 수 있는 것이다. 그 문서들은 우리에게 무슨 일이 일어났는지를 말하고 있는 것이 아니라 단지 슈트레제만이 일어났다고 생각한 것, 그가 다른 사람들이 일어났다고 생각해 주었으면 하고 바란 것, 그리고 아마 그 자신이 일어났다고 생각하고 싶었던 것을 말하고 있는 데 불과하다.

선택의 작용을 개시한 것은 서턴도 베른하르트도 아닌 슈트레제만 바로 그였다. 따라서 만일 우리가 같은 회담에 관한 치체린의 기록을 가지고 있다면, 거기서는 역시 치체린이 생각하고 있었던 것만을 알게 되고, 실제로 일어난 일은 역사가의 마음속에서 재구성되지 않으면 안 되었을 것이다.

물론 사실과 문서는 역사가에게는 중요한 것이다. 그러나 사실이나 문서를 신주모시듯 해서는 안 된다. 사실이나 문서가 스스로 역사를 만드는 것은 아니다. 그 자체가 '역사란 무엇인가?'라는 이 까다로운 문제에 대해 어떤 해답을 주는 것은 아닌 것이다.

이번에는 19세기의 역사가들이 어째서 보편적으로 역사철학에 무관심했나 하는 문제에 대해서 잠깐 말해 둘까 한다. 역사철학이라는 말을 처음 쓴 사람은 볼테르이며, 그 후로 갖가지 뜻으로 쓰여 오고 있지만, 내가 이 말을 쓸 때는 '역사란 무엇인가?'라는 문제에 대한 답을 의미하는 것이라고 간주하기로 한다.

19세기는 서유럽의 지식인에게는 자신(自信)과 낙관이 생긴 기분 좋은 시기였다. 전반적으로 사실은 만족할 만한 것이었으므로, 거기에 대해서 귀찮은 문제를 제기하거나 대답하거나 하는 경향은 미약했던 것이다.

랑케는 자기가 사실을 염려하면 하느님도 역사의 의미를 염려해 준다고 경건하게 믿고 있었다. 그리고 좀더 근대적으로 냉소주의에 접근한 부르크하르트(스위스의 역사가. 1818~1897)는, "우리의 목적은 영원한 지혜를 탐구하려는 것이 아니다."라고 말하고 있다.

최근에는 1931년에 버터필드 교수가 만족스러운 태도로 분명하게 말했다. "역사가들은 사물의 본질은 물론이고, 그들 자신의 주제의 본질도 별로 생각한 일이 없다."[15]

거기에 비하면 나보다 앞서 이 강연을 담당한 A. L. 로즈 박사(영국의 역사가. 1903~?)는 올바른 비판적 정신의 소유자이지만, 제1차 세계대전에 관한 윈스턴 처칠의 《세계의 위기》를 읽고, 이 책은 개성이나 명료성, 또는 생기에서는 트로츠키의 《러시아 혁명사》에 필적하지만 어떤 점에서는 그보다 못하다, 즉 "기저에 역사철학이 없다."[16]고 말하고 있다.

여기서 영국의 역사가들을 예로 들 수 없는 이유는, 그들이 역사가 무의미하다고 믿고 있었기 때문이 아니라 역사의 의미는 말하지 않아도 분명하다고, 자명한 일이라고 믿고 있었기 때문이다.

---

15 H. Butterfield, *The Whig Interpretation of History*(1931), p.67.
16 A. L. Rowse, *The End of an Epoch*(1947), pp.282~3.

19세기의 자유주의적 역사관은 자유분방한 경제학설이라는, 한가하고 자신에 찬 세계관의 산물과 깊은 관계가 있었다.

　누구를 막론하고 자기가 좋아하는 일에 몰두하면 보이지 않는 손이 보편적인 조화(調和)를 걱정해 줄 것이라는 것이다. 역사상의 사실 그 자체가 더 높은 곳을 향하는 자비롭고 무한한 진보라는 가장 높은 사실을 입증하는 것으로 간주되었던 것이다.

　그야말로 순진한 시대였다. 역사가들은 한 조각의 철학으로 몸을 가리지도 않고 발가벗은 채 부끄러움도 없이 역사라는 신 앞에서 에덴 동산을 거닐었던 것이다.

　그 후 우리는 '죄'를 알게 되고, '타락'을 경험하게 되었다. 오늘날 역사철학 없이 버티려 하는 역사가들은, 나체주의자 부락의 회원들처럼 자기 자랑과 과시의 기분으로 그들의 전원 주택지에 '에덴 동산'을 재건하려 하고 있다고밖에 볼 수 없다. 이제는 이 귀찮은 문제에서 도망칠 수가 없다.

　과거 50년 동안 '역사란 무엇인가?'라는 문제에 대해서 많은 진지한 연구가 진행되어 왔다. 1880년대와 1890년대 역사에 있어서 사실의 존중과 자율성의 학설에 대해 맨 처음 도전을 시도한 것은, 19세기 자유주의의 평안한 지배를 전복시키기 위해 분투하지 않을 수 없었던 독일이었다.

　그 일에 참가한 철학자들은 대개 이름 외에는 알려진 것이 없으며, 그중 딜타이만이 최근 영국에서 겨우 인정을 받게 되었다. 영국은 20세기에 이르기까지 여전히 번영과 자신감이 대단했으므로, 사실의 존중에 일격을 가한 이 학설은 별로 주의를 끌지 못했다.

　그런데 횃불은 20세기 초 이탈리아로 옮겨가서 크로체(Croco ; 이탈리아의 철학자. 1866~1952)가 일종의 역사철학을(이건 사실 독일의 선생들에게서 힘입은 바

크지만) 제의하기 시작했다. 크로체는 "모든 역사는 '현대사'이다."라고 선언했다.[17]

이 말은 본래 역사란 현재의 눈을 통해서 현재의 문제에 비추어 과거를 보는 것에 성립하는 것이다. 역사가의 주임무는 기록이 아니라 평가하는 일이니, 역사가가 평가하지 않는다면 기록할 만한 가치가 있는 것이 무엇인지 어떻게 알 수 있겠는가 하는 뜻이다.

1910년, 미국의 역사가 칼 베커는 일부러 자극적으로 말했다.

"역사상의 사실은 역사가가 그것을 창조하기 전까지는 어느 역사가에게나 존재하지 않는다."[18]

당시에는 거의 아무도 이런 도전에 신경을 쓰지 않았다. 프랑스나 영국에서 크로체의 주장을 인정하기 시작한 것은 겨우 1920년 이후의 일이다. 사실 이것은 크로체가 독일의 선배들보다 섬세한 사상가나 뛰어난 문장가였기 때문이라기보다, 제1차 세계대전 뒤에 일어난 여러 사실 그 자체가 1914년 이전처럼 우리에게 따뜻하게 미소를 지어 보이지 않는 듯했기 때문이다. 따라서 우리는 사실의 권위를 감소시키려고 하는 철학에 예전보다 친근감을 느끼게 되었던 것 같다.

크로체는 옥스퍼드의 철학자이자 역사가인 콜링우드에게 큰 영향을 주었다. 콜링우드는 역사철학에 중대한 공헌을 한 20세기의 유일한 영국 사상가이다. 그는 자기가 계획했던 체계적인 저술을 완성할 만큼 오래 살지는 못했다.

그러나 그가 죽은 뒤에 그런 테마를 논하여 발표되었거나 또는 발표되지 못한 원고는 1945년에 출판된 《역사의 관념》이라는 한 권의 책에 수록되어 있다.

---

[17] 이 널리 알려진 명구는 다음과 같다. "모든 역사적 판단의 기초에는 실천적 요구가 있어서 모든 역사에 '현대'의 성격을 부여한다. 서술되는 사건이 동떨어진 시대의 것으로 보이더라도, 사실상 그 역사는 현대의 요구와 상황(그 내부에 사건이 메아리치고 있는 것이다)에 대해서 말하고 있기 때문이다."(B. Croce, *History as the Story of Libetty* Engl. transl., 1941, p.19)
[18] *Atlantic Monthly*, October 1910, p.528.

콜링우드의 견해는 이렇게 요약할 수 있다.

역사철학은 '과거 그 자체'를 다루는 것도 아니고, '과거 그 자체에 관한 역사가의 사상'을 다루는 것도 아니며, '상호관계에 있어서의 양자'를 다루는 것이다(이 말은 현재 쓰이고 있는 '역사'라는 말의 두 가지 뜻, 즉 역사가에 의해 연구되는 연구와 역사가가 연구하는 과거의 몇 가지 사건을 반영하고 있다). '역사가가 연구하는 과거는 죽은 과거가 아니라, 어떤 의미에서는 아직도 현실 속에 살아 있는 과거이다.'

그러나 과거는 역사가가 그 배후에 깔린 사상을 이해할 수 있을 때까지는, 역사가에게는 죽은 것, 다시 말해 무의미한 것이다. 그러므로 '모든 역사는 사상의 역사'가 되고, 역사란 '역사를 연구하고 있는 사상이 그 역사가의 마음속에 재현된 것이다.'

역사가의 마음속에서의 과거의 재구성은 경험적인 증거에 의하여 이루어진다. 그러나 이 재구성은 경험적 과정 자체가 아니며, 사실의 단순한 열거만으로 그치는 것도 아니다. 오히려 재구성의 과정이 사실의 선택과 해석을 지배하는 것이다. 즉 바로 이것이 사실을 역사적 사실화하는 것이다.

그런 점에서 콜링우드와 의견이 비슷한 오크쇼트 교수(영국의 정치학자, 1901~?)는 말한다.

"역사란 역사가의 경험이다. 역사는 오직 '역사가'만이 만든다. 즉 역사를 기록하는 것은 역사를 만드는 유일한 방법이다."[19]

중요한 문제가 약간 남기는 하지만, 이 예리한 비판은 잊혀진 몇 가지 진리를 밝히고 있다.

---

[19] M. Oakeshott, *Experience and Its Modes*(1933), p.99.

첫째, 역사상의 사실은 순수한 형식으로 존재하지 않으며 또 존재할 수도 없는 것이므로, 결코 '순수'하게 우리 앞에 나타나는 것이 아니라는 것, 즉 언제나 기록자의 마음을 통해서 굴절(屈折)해 오는 것이라는 것이다. 그러므로 우리가 역사책을 읽을 때 우선 관심을 가져야 할 것은 그 책이 나타내는 사실이 아니라 그 책을 쓴 역사가여야 하는 것이다.

한 예로서, 이 강연이 그 명예와 이름 아래 개최되고 있는 위대한 역사가에 관해서 말해 보겠다.

트리벨리언(G. M. Trevelyan)의 자서전에 씌어 있는 바와 같이, 그는 '매우 강한 휘그적인 전통을 가진 가정에서 자란'[20] 사람이다. 따라서 내가 그를 휘그적 전통으로서는 영국의 자유주의적인 대역사가의 최후의 인물(이것은 전혀 실례의 뜻은 아니지만)이라고 불렀다 하더라도 그는 이 명칭을 마다하지는 않을 것이다.

그의 가계(家系)를 거슬러 올라가면, 휘그의 위대한 역사가 조지 트리벨리언을 거쳐 휘그의 역사가 중에서도 비할 바 없이 위대한 매콜리(T. B. Macaulay ; 영국의 역사가, 정치가. 1800~1859)에 이르고 있는 것은 놀라운 일이다.

트리벨리언의 가장 훌륭하고 원숙한 저서는 《앤 여왕 시대의 잉글랜드》이다. 이 저서는 위와 같은 배경으로 씌어져 있고, 또 그것을 배경으로 읽어야만 그 의미와 중요성이 독자들에게 전해지는 것이다.

사실 저자의 집필 방법으로 볼 때 독자에게는 그 길밖에 없을 것이다. 탐정소설에 익숙한 사람이 흔히 그렇게 하듯이 마지막을 먼저 읽으면, 제3권 끝의 몇 페이지에 오늘날 휘그적 역사 해석이라 일컬어지고 있는, 내가 아는 한 가장 훌륭한 요약이 있기 때문이다.

---

[20] G.M. Trevelyan, *An Autobiography* (1949), p.11.

그리고 트리벨리언의 시도가 휘그적 전통의 기원과 발전을 밝혀내는 데에 있고, 또 그것을 그 창시자인 윌리엄 3세의 사후 몇 해 동안에 공정하고 타당하게 뿌리를 두게 하는 일임을 알게 될 것이기 때문이다.

이것이 앤 여왕 통치하의 여러 사건에 대해서 생각할 수 있는 오직 하나의 해석은 아닐 테지만, 이것은 일종의 타당한 해석이며, 트리벨리언의 손에 의해 풍부한 해석이 된 것이다.

그러나 이러한 해석의 가치를 충분히 이해하기 위해서는 이 역사가의 일을 이해할 필요가 있다. 콜링우드의 말과 같이, 역사가가 그 등장인물의 마음속의 움직임을 사상 속에 재현해야 한다면, 독자는 독자대로 역사가의 마음속 움직임을 재현해야 하기 때문이다. 즉 역사가가 다루고 있는 사실에 대한 연구를 시작하기 전에 그 역사가에 대해 연구해야 한다는 것이다.

실상 이것이 그다지 심원한 이야기는 아니다. 영리한 대학생에게 성(聖) 주드 학원의 존스 선생의 저서를 읽으라고 권유하면, 그는 주드 학원에 다니는 친구를 만나 존스 신부가 어떤 사람이고 어떤 일에 관심이 있는가 물어본다. 말하자면 그런 식이다.

역사책을 읽을 때는 역사가의 머릿속 소리에 귀를 기울이는 것이 좋다. 만약 아무 소리도 들리지 않는다면, 당신이 귀머거리이거나 역사가 쪽이 바보일 것이다.

사실이란 결코 생선가게의 좌판 위에 놓인 생선 같은 것이 아니다. 오히려 사실이란 때때로 근접할 수도 없는 넓은 바닷속을 헤엄쳐 다니는 물고기 같은 것이다. 역사가가 무엇을 잡느냐 하는 데는 우연도 작용하지만, 대부분은 그가 바다의 어디쯤에서 낚시질을 하느냐, 어떤 낚시 도구를 쓰느냐(하기야 이 두 가지 요소는 그가 잡으려는 고기의 종류에 의해 정해지지만)에 따라서 다르다.

대부분의 역사가는 자기가 좋아하는 사실을 입수하려고 한다. 역사란 곧 해석이다. 사실 조지 클라크를 거꾸로 세워서 역사란 '의심스러운 사실이라는 과육(果肉)에 싸인 해석이라는 굳은 핵심'이라고 말하고 싶은 심정이지만, 이런 말투는 분명 편벽된 것이고 오해를 받을는지 몰라도, 클라크의 정의 이상은 아니리라고 감히 생각하는 것이다.

콜링우드가 주장한 두 번째 사실은 더 알기 쉽다. 즉 역사가는 자기가 취급하고 있는 사람들의 마음과, 그들 행위의 배후에 있는 사상을 상상적으로 이해할 필요가 있다는 것이다.

'공감'이라는 말 대신 '상상적 이해'라는 말을 쓴 것은, 공감이라는 말이 동의(動議)를 의미하는 것처럼 생각될까 염려해서이다.

19세기의 중세사 연구는 빈약한 것이었다. 중세의 미신적 신앙이나 그 신앙으로부터 나온 잔학행위로 말미암아 중세 사람들에 대한 어떤 상상적 이해도 심한 반발을 일으키게 되었기 때문이다.

또 부르크하르트가 30년 전쟁에 가한 비난을 생각해 보자.

"가톨릭이건 프로테스탄트이건, 국가적 통일보다 자기 구제를 우선시하는 것은 교의(敎義)의 수치이다." [21]

국가를 보호하기 위해서 사람을 죽이는 것은 정당하고 옳은 일이지만, 자기 종교를 지키기 위해서 사람을 죽이는 것은 미련하고 그릇된 짓이라고 믿도록 교육받은 19세기의 자유주의적인 역사가들로서는, 30년 전쟁에 참가한 사람들의 정신상태 속에 들어간다는 것은 참으로 어려운 일이었으리라.

그와 같은 어려움은 현재 나의 연구분야에서는 특히 심하다. 지난 10년 동안 영어를 사용하는 여러 나라에서 나온 소련 관계 문헌의 대부분과 소련에서 나온

---

[21] J. Burckhardt, *Judgements on History and Historians*(1959), p.179.

여러 영어 사용 국가 관계의 문헌의 대부분이 쓸모없는 것은, 상대방의 마음의 움직임을 상상적으로 이해하는 일은 초보 단계에도 도달하지 못하고 있다. 따라서 상대방의 말이나 행동이 항상 악의에 찬 비상식적이고 위선적인 것으로 보이도록 되어 있기 때문이다.

자기가 다루고 있는 사람들과 어떤 심적인 접촉을 할 수 없는 한 역사가는 역사를 쓸 수 없는 것이다.

콜링우드가 주장한 세 번째 사실은, 현재의 눈을 통하지 않고는 과거를 바라볼 수 없고, 또 과거의 이해에 성공할 수도 없다는 것이다.

역사가는 그 자신의 시대에 살고 있는 사람이며, 인간 존재의 조건으로 그 시대에 얽매어 있다. 역사가가 사용하는 말 그 자체, 즉 민주주의, 제국(帝國), 전쟁, 혁명이라는 말이 그 시대의 뉘앙스를 지니며, 역사가는 이런 말들을 그 뉘앙스에서 분리할 수 없다.

고대사(古代史) 사가들은 자기들이 이런 함정에 빠져 있지 않다는 것을 나타내고 싶은 생각에서, 폴리스(polis)라든가 플레브스(plebs) 같은 말을 즐겨 원어대로 사용해 왔다. 그러나 그것은 헛된 일이다. 그들도 역시 현재에 살고 있는 것이니, 소멸된 낯선 언어를 사용한다고 해서 과거로 거슬러 올라갈 수는 없는 것이다. 그것은 고대풍의 외투나 가운을 걸치고 강의를 했다고 해서 훌륭한 그리스 역사가나 로마 역사가가 될 수 없는 것과 마찬가지이다.

역대의 프랑스 역사가들은 프랑스 혁명에서 그토록 두드러진 역할을 했던 파리의 군중들을 여러 가지 이름(레 상킬로트, 르 피플, 라 카나이유, 레 브라뉘 등)으로 설명해 왔지만, 규칙을 아는 사람이 본다면 이것도 모두 어떤 정치적 연계나 특별한 해석을 선언하는 것들이다.

그러나 역사가는 선택의 의무가 있다. 언어의 사용 자체가 그로 하여금 숭법적이지 못하게끔 하고 있는 것이다.

더구나 이것은 언어만의 문제가 아니다.

지난 백 년 동안 유럽에서의 세력 균형의 변화는 프리드리히 대왕에 대한 영국 역사가들의 태도를 바꿔놓았다. 기독교 교회 내부에서의 가톨릭과 프로테스탄트 사이의 세력 균형의 변화는 로욜라, 루터, 크롬웰 같은 인물에 대한 영국 역사가의 태도를 근본적으로 뒤집어놓은 것이다.

프랑스 혁명에 관해 프랑스 역사가들이 이룬 지난 40년 동안의 업적을 조금이라도 안다면, 그것이 1917년의 러시아 혁명으로부터 얼마나 심각한 영향을 받았는지 알 수 있을 것이다.

역사가는 과거에 속해 있는 것이 아니라 현재에 속해 있다. 트레버로퍼(영국의 역사가. 1914~2003)는 역사가는 "모름지기 과거를 사랑하지 않으면 안 된다."[22]고 말하고 있다.

그러나 이것은 이해할 수 없는 권고이다. 과거를 사랑한다는 것은 자칫 늙은이나 낡은 사회의 옛날을 그리워하는 낭만주의의 발현이며 '현재와 미래에 대한 신념과 관심이 결여된 징후이다.'[23]

똑같이 틀에 박힌 문구를 써야 한다면, 나는 '과거의 죽은 손'으로부터 인간을 해방할 틀에 박힌 문구를 선택하겠다.

역사가의 기능은 과거를 사랑하는 것도 아니고, 또한 자기를 과거로부터 해방시키는 것도 아니며, 다만 현재를 이해하는 열쇠로서 과거를 정복하고 이해하는 것이다.

---

22 Introduction to J. Burckhardt, *Judgements on History and Historians*(1959), p.17.
23 다음과 같은 니체의 역사관을 참조하라. "과거를 되돌아보고, 여러 가지로 계산하고, 과거의 추억과 역사적 교양에서 위안을 찾는 노인의 일은 노령(老齡)에 어울리는 일이다."(*Thoughts Out of Season*, Engl. transl., 1909, ii, pp.65~66.)

지금까지 콜링우드 사관(史觀)이라고도 할 수 있는 견해의 일부를 설명해 왔는데, 다음에는 거기서 볼 수 있는 몇 가지 위험을 고찰해 보자.

역사 서술에 관한 역사가의 역할을 강조할 경우 그것은 논리적 귀결까지 끌고 가면, 결국 객관적 역사를 배제하게 되고, 역사는 역사가가 만들어내는 것이 되어버린다. 확실히 한때 콜링우드는(그의 저작의 편찬자가 인용한 한 미발표 노트에서 안 사실이지만) 이런 귀결에 도달한 적이 있는 것 같다.

"성 아우구스티누스는 초대 그리스도 교도의 관점에서, 티유몽은 17세기 프랑스 인의 관점에서, 기번은 18세기 영국인의 관점에서, 몸젠은 19세기 독일인의 관점에서 역사를 바라보았다. 문제는 어느 것이 올바른 관점이냐 하는 것이 아니다. 어느 관점이나 그것을 선택한 사람에게는 유일하게 가능한 관점이다." [24]

이렇게 되면 결과적으로 완전한 회의주의에 빠지게 되어, 프루드(J. A. Froude ; 영국의 역사가. 1814~1894)의 말처럼 "역사란 어린아이의 글자 맞추기와 같아서 무엇이나 좋아하는 말을 이어가면 된다."[25]는 식으로 되어버릴 것이다.

콜링우드는 '가위와 풀의 역사', 곧 역사가 단순한 사실의 편찬이란 역사관에 반대하는 나머지, 이번에는 역사를 인간이 머릿속에서 엮어낸 것이라고 생각하는 위험성에 다가가서, '〈객관적〉인 역사적 진리는 존재하지 않는다'는 결론으로(이것은 내가 앞서 인용한 문장에서 조지 클라크가 암시하고 있지만) 되돌아가는 것이다.

역사에는 의미가 없다는 이론 대신 무한의 의미가 있다는 이론이 주어지고, 어느 쪽 의미가 더 정당하다는 것도 없이 결국 어느 것이나 마찬가지라는 식으로 되어버렸다.

---

24 R. Collingwood, *The Idea of History*(1946), p.xii.
25 A. Froude, *Short Studies on Great Subjects*, i(1894), p.21.

하지만 아무리 생각해 보아도 제1의 이론과 마찬가지로 제2의 이론도 동의하기 어렵다. 보는 각도에 따라 산의 모양이 달라 보인다고 해서 산은 원래 객관적으로 형태가 없다든가, 무한한 형태가 있다든가 할 수는 없다. 역사상의 사실을 설정할 때 필연적으로 해석이 작용한다고 해서, 또 현존하는 해석이 어느 것이고 완전히 객관적이 아니라고 해서 어느 해석이든 차이가 없다든가, 역사상의 사실은 원래 객관적 해석이 불가능하다고 할 수는 없는 것이다. 역사에 있어서의 객관성의 정확한 뜻은 후에 다시 고찰하기로 하자.

그러나 콜링우드의 가설에는 더 큰 위험이 감춰져 있다. 역사가는 자기가 연구하는 시대를 볼 때 반드시 자기 시대의 눈을 통해서 보고, 과거의 문제를 연구하는 것이 현재의 문제에 대한 열쇠로서 작용하는 것이라면, 역사가는 아주 실용주의적인 사실관(事實觀)에 빠져서, 옳은 해석의 기준이 현재의 어떤 목적에 대한 적합성이라는 주장이 되어버리지 않을까? 이런 가설을 받아들이면, 역사상의 사실은 무(無)가 되고 해석이 전부라는 결론에 이른다.

니체는 일찍이 이러한 원칙에 대해 다음과 같이 말했다.

"어떤 의견이 틀린다는 것이 곧 그 의견에 대한 반박이 되지는 않는다……. 문제는 그것이 어떻게 생명을 북돋워주고, 생명을 보존하고, 종족을 보존하고, 다시 종족을 창조하느냐 하는 것이다."[26]

20세기 중엽에 들어선 오늘날, 사실에 대한 역사가의 의무를 어떻게 규정하면 좋을 것인가. 과거 몇 해 동안 나는 많은 시간을 들여서 문서를 쫓아다니고 문서를 읽고 역사 서술에서도 각주(脚註)에 열심히 사실을 담고, 그리하여 사실이나 문서에 대해서 오만한 태도를 취한다는 비난을 면하려고 애써 왔다.

---

[26] *Beyond Good and Evil*, ch. i.

사실을 존중해야 하는 역사가의 의무는 그 사실이 정확하다는 것을 확인하는 데 그쳐서는 안 된다. 그는 알려져 있는 것이거나 알려질 수 있는 것이거나, 자기가 연구하고 있는 주제나 기도하고 있는 해석과 어떤 의미에서나 관련된 사실을 그려내는 노력을 하지 않으면 안 된다.

빅토리아 시대의 영국인을 도덕적이고 합리적인 인간으로 그리려고 할 경우, 역사가는 1850년 스탤리브리지 웨이크스에서 일어난 사건을 잊어서는 안 된다. 그렇다고 반대로 역사의 생명인 해석을 제거해도 좋다는 것은 아니다.

대학 관계자가 아니거나, 대학 관계자라도 전공이 다른 아마추어 여러분들은 흔히 역사가가 역사를 쓸 때의 작업 방법을 나에게 묻곤 한다.

지극히 일반적으로 할 때, 역사가는 그 점에 있어서 명확히 구별할 수 있는 두 가지 단계 또는 시기로 나누고 있는 것 같다. 우선 역사가는 사료(史料)를 읽고 노트 가득히 사실을 기록하는 데 긴 준비 기간을 소비한 다음, 이 사료를 옆으로 밀쳐놓고는 노트를 들고 단숨에 책을 써버린다는 것이다.

그것이 나로서는 납득이 가지 않고, 또 있을 법도 하지 않은 광경이다. 나 자신에 대해서 말하면, 내가 주요 사료라고 생각하고 있는 것을 조금만 읽기 시작하면 그만 손끝이 근질근질해져서 저절로 쓰기 시작하고 마는 것이다. 이것은 쓰기 시작할 때뿐만이 아니다. 어디에서나 그렇게 된다. 아니, 어디에서나 그렇게 되어버리는 것이다.

그 다음부터는 읽는 것과 쓰는 일이 동시에 진행된다. 읽어 나가면서 써 보태고, 깎고, 고쳐 쓰고, 제거하는 것이다. 또 읽는 것은 씀으로써 인도되고, 방향이 잡히고, 풍부해진다. 쓰면 쓸수록 내가 찾고 있는 것을 한층 더 깊이 잘 알게 되고, 내가 발견한 것의 의미나 중요성을 한층 더 이해하게 된다.

역사가들 중에는 펜이나 종이나 타자기를 쓰지 않고 이런 초고를 모두 머릿속에서 끝내버리는 사람도 있을지 모르지만, 그것은 마치 장기판이나 장기짝에 의

지하지 않고 머릿속으로 장기를 두는 것과 마찬가지이다. 부러운 재능이긴 하지만, 나로서는 아무래도 흉내낼 수 없는 일이다.

하지만 내가 확신하는 바에 의하면, 역사가라는 이름을 가질 만한 사람에게 있어서는 경제학자가 '투입' 및 '산출'이라고 부르는 두 가지 과정이 동시에 진행되는데, 이것은 하나의 과정의 두 부분이라고 생각한다.

여러분이 양자를 분리하려고 한쪽을 다른 쪽 위에 놓으려고 한다면, 여러분은 두 가지 이단설(異端說) 중의 하나에 빠지게 될 것이다. 즉 의미도 중요성도 없는 가위와 풀의 역사를 쓰거나, 아니면 선전소설이나 역사소설을 써서 역사와는 무관한 어떤 종류의 문서를 장식하기 위해 다만 과거의 사실을 이용하는 것으로, 이 중의 한 가지를 하게 될 것이다.

이렇게 역사가와 역사상의 사실 사이의 관계를 음미해 보면, 우리는 두 가지 난관 사이를 아슬아슬하게 항해하는 듯한 위태로운 상태에 있다는 것을 알 수 있다.

두 가지 난관이란 역사를 사실의 객관적 편찬이라 생각하고 해석에 대한 사실의 무조건적 우월성을 주장하는 지지하기 어려운 이론의 난관과, 역사란 역사상의 사실을 밝히고 그것을 해석 과정을 통하여 정복하는 역사가의 주관적 산물이라고 생각하는 이 또한 지지하기 어려운 이론을 말하는데, 즉 역사의 중심은 과거에 있다는 견해와 역사의 중심은 현재에 있다는 견해이다.

그러나 우리의 상황은 겉으로 나타난 것만큼 불안정한 것은 아니다. 게다가 우리는 사실과 해석이라는 동일한 대립이 강연을 통해 여러 가지로 모습을 바꾸어서 특수적인 것과 일반적인 것, 경험적인 것과 이론적인 것, 객관적인 것과 주관적인 것으로 나타나는 것을 보게 될 것이다.

역사가가 직면한 난관은 인간 본성의 한 반영이다. 갓 태어난 유아라든가 아주

고령인 경우는 아마 다르겠지만, 인간이란 결코 완전히 환경에 휘말려 들어가 있는 것도 아니고, 무조건 환경에 순종하고 있는 것도 아니다. 반면에 인간은 또 환경에서 완전히 독립된 것도 아니고, 그 절대적인 주인도 아니다.

인간과 환경의 관계는 역사가와 주제의 관계이다. 역사가는 사실의 천한 노예도 아니고, 군림하는 주인도 아니다. 역사가와 사실의 관계는 기브 앤드 테이크의 평등한 관계이다.

역사가가 실제로 생각하고 쓰고 할 때의 자기 자신의 작업 태도를 조금만 반성해 보면 알 일이지만, 역사가는 자신의 해석에 따라서 자신의 사실을 만들어내고, 자신의 사실에 따라서 자신의 해석을 만들어내는 연속적인 과정에 휘말려 들어가 있는 것이다. 따라서 한쪽을 다른 쪽 위에 올려놓는다는 것은 불가능한 일이다.

역사가는 사실의 일시적 선택과 일시적 해석으로(이 해석에 입각하여 자기 자신과 마찬가지로 다른 사람들도 일시적 선택을 하고 있는 것이지만) 출발하는 것이다. 일이 진척됨에 따라 해석도, 사실의 선택과 정리도, 그 상호작용을 통하여 거의 무의식적인 미묘한 변화를 일으키게 된다.

역사가는 현재의 일부이고, 사실은 과거에 속하므로, 이 상호작용은 또한 현재와 과거의 상호관계를 포함하고 있다. 역사가와 역사상의 사실은 서로가 필요한 것이다. 사실을 소유하지 못한 역사가는 뿌리도 없고 열매도 맺지 않는다. 역사가가 없는 사실은 생명도 없고 의미도 없다.

여기서 '역사란 무엇인가?'에 대한 나의 최초의 대답을 하기로 한다. 역사란 역사가와 사실 사이의 부단한 상호작용의 과정이며, 현재와 과거 사이의 끊임없는 대화이다.

사회와 개인 2장

사회가 먼저냐 개인이 먼저냐 하는 문제는 닭과 달걀의 문제와 비슷하다. 이것을 논리적인 문제로 다루건 역사적인 문제로 다루건 마찬가지로 일방적인 반대의 주장에 의해서 정정되지 않아도 되는 주장은 할 수가 없다.

던(J. Donne ; 영국의 형이상학적 시인. 1573~1631)의 유명한 말에 "어느 누구도 섬이 아니며 완결되지는 않았다. 모든 인간은 대륙의 한 조각, 본토의 일부이다."[1]라는 것이 있다. 이것은 진리의 일면이다.

반면에 고전적 개인주의자 J. S. 밀은 "많은 인간을 모아 보아도 그것만으로 다른 종류의 실체로 바뀌지는 않는다."[2]고 말했다.

당연한 말이다. 하지만 '모으기' 전에도 그 사람들은 존재하고 있었다든가, 어떤 종류의 실체를 가지고 있었다고 생각하는 것은 잘못이다.

세계는 우리가 태어나는 순간부터 우리에게 작용하기 시작하여 우리를 단순한 생물적 통일체에서 사회적 통일체로 바꾸어 간다. 역사시대이거나 선사시대이거나 어떤 단계의 인간이든 태어나면서 하나의 사회 속으로 던져지는 것이며, 그 순간부터 벌써 이 사회에 의해 만들어지는 것이다.

인간이 구사하는 언어는 개인적인 유전이 아니라 그가 성장한 집단으로부터의

[1] *Devotions upon Emergent Occasions*, No. xvii.
[2] J.S. Mill, *A System of Logic*, vii, 1.

사회적 획득이다. 말과 환경은 상호간에 그의 사상적 성격을 결정하는 데 기여하고, 그가 유년기에 품는 관념은 타인에게서 획득한 것이다.

사회에서 분리된 개인은 언어도 정신도 없다는 것은 사실이다. 《로빈슨 크루소 (Robinson Crusoe)》 이야기의 매력이 언제까지나 지속되고 있는 것은, 그것이 사회에서 독립된 개인에 대한 상상을 시도했기 때문이다.

그러나 이 시도는 성공하지 못했다. 로빈슨은 추상적인 개인이 아니라 요크 출신의 영국인이고, 성경도 가지고 있었으며, 또 자기 종족의 신에게 기도하고 있었기 때문이다. 그 이야기에서 그는 곧 프라이데이라는 하인을 얻게 되고, 하나의 새로운 사회적 건설을 시작한다.

또 하나 이 점에 관계있는 이야기는 도스토예프스키의 《악령(惡靈)》에 나오는 키릴로프의 이야기인데, 그는 자기 자신의 완전한 자유를 증명하기 위해 자살한다. 자살이야말로 개인으로서 할 수 있는 오직 하나의 완전히 자유로운 행위이며, 다른 모든 행위는 어차피 사회에 속한다는 뜻을 포함하고 있다.³

인류학자는 흔히 미개인은 문명인에 비하면 개인적일 경우가 적으며, 완전히 사회에 의해서 만들어진다고 말하고 있다. 거기에는 기본적인 진리가 있다.

복잡하고 진보된 사회와 비교한다면 단순한 사회는 개인의 기능이나 직업상의 다양성을 요구하는 일이 거의 없고, 또 그래도 된다는 조건이 갖추어져 있다는 의미에서는 획일적이다.

분명히 어떤 의미에서의 개인화(個人化)의 증대는 현대의 진보된 사회의 필연적인 산물이며, 또 그것은 사회활동의 구석구석까지 미치고 있다. 그러나 이 개인화 과정과 사회의 위력 및 결합력의 증대와의 사이에 대립관계를 설정한다면,

---

3 뒤르켐은 유명한 《자살론》에서 '아노미'라는 말을 만들어, 자기 사회에서 고립된 개인의 조건을(특히 감정적 불안과 자살을 일으키기 쉬운 상태를) 표현했다. 하지만 그는 자살이 결코 사회적 조건에서 독립된 것이 아니라는 사실도 보여주었다.

그것은 큰 착각일 것이다. 사회의 발달과 개인의 발달은 동시에 진행되고 서로서로 제약하는 법이다.

실제로 우리가 복잡하고 진보된 사회라고 할 때 그것은 여러 개인간의 상호의존이 복잡하고 진보된 형태를 가진 사회를 말하는 것이다. 오늘날의 국민사회가 그 개개 구성원의 성격이나 사상을 만들어내는 힘, 그들 사이에 어느 정도의 획일성이나 동일성을 낳는 힘이 혹시라도 미개 종족사회의 힘보다 약하다고 생각되면, 그것은 위험한 이야기일 것이다.

국민성이란 생물적 특질에 입각한다는 낡은 관념이 깨뜨려진 것은 벌써 오래 전의 일이다. 그러나 사회나 교육 같은 국민적 배경의 차이에서 생기는 국민성의 차이는 부정하기 힘든 것이다. 그 '인간성'이라는 눈에 보이지 않는 실체는 나라에 따라 시대에 따라서 두드러지게 다르므로, 이것을 지배적이고 사회적인 조건이나 관습에 의해서 형성된 하나의 역사적 현상이라고 보지 않을 수 없다.

예를 들어 미국인, 러시아 인, 인도인들 사이에는 많은 차이가 있다. 하지만 그 차이 중 어떤 것, 아마도 그 가장 중요한 것은 여러 개인간의 사회적 관계에 대한, 다시 말해 사회 구성 방식에 대한 태도에 있어서 다른 형태를 취하고 있으므로 전체로서의 미국 사회, 러시아 사회, 인도 사회의 차이를 연구하는 것이 아마 개인으로서의 미국인, 러시아 인, 인도인 사이의 차이를 연구하는 가장 좋은 방법이 될 것이다.

문명인도 미개인과 마찬가지로, 그가 사회를 효과적으로 형성하고 있는 것과 같이 사회에 의해서 효과적으로 만들어진다. 달걀이 없으면 닭이 있을 수 없듯 암탉이 없으면 달걀은 있을 수가 없다.

이런 당연한 진리는, 오늘날 서구 세계가 가까스로 벗어나려 하고 있는 기이한 예외적인 역사적 시기 때문에 우리 눈에 들어오기 어려웠다는 사실만 아니라면 논의할 필요조차 없었을 것이다.

개인주의 숭배는 현대의 역사적 신화 중에서도 가장 보편화된 것의 하나이다.

부르크하르트의 《이탈리아에서의 르네상스 문화》 제2부에는 '개인의 발달'이라는 부제가 붙어 있는데, 이 책에 서술되어 있는 설명에 의하면, 개인숭배는 르네상스와 더불어 시작되었으며, 그때까지는 '인종·종족·당파·단체의 일원이라는 자각밖에 없었던' 인간이 '정신적인 개인이 되어 그러한 자각에 이르렀던 것'이다. 그 뒤 개인숭배는 자본주의나 기독교의 발전과 결합하고, 산업혁명의 시작과 결합하고, 자유방임의 학설과도 결합하게 되었다.

프랑스 혁명으로 선언된 인간과 시민의 권리는 개인의 권리였다. 19세기의 위대한 철학인 공리주의(功利主義)의 기초는 개인주의였던 것이다. 〈타협론〉이라는 몰리(Morley ; 영국의 정치가, 저술가. 1838~1923)의 논문은 빅토리아 시대의 자유주의의 특징을 설명하는 문헌인데, 거기에서 몰리는 개인주의나 공리주의를 '인간의 행복 및 복지의 종교'라고 불렀다.

'소박한 개인주의'는 인간 진보의 기본 경향이었다. 이것은 특정한 역사적 시기의 이데올로기의 분석으로서는 나무랄 데 없이 훌륭한 것이리라.

그러나 내가 분명히 하고 싶은 것은, 현대 세계의 융성에 따르는 개인화의 증대는 문명 진보의 정상적인 과정이었다는 것이다.

사회혁명은 어떤 새로운 사회집단을 권력의 자리에 앉힌 것이다. 그것은 항상 개인을 통해서, 또 개인의 발전에 신선한 기회를 줌으로써 이루어져 왔다. 그리고 자본주의의 초기에는 생산 및 분배의 단위가 일반적으로 독자적인 개인에 달려 있었으므로, 새로운 사회질서의 이데올로기는 사회질서에 있어서의 개인의 창의가 맡은 역할을 크게 강조하게 되었던 것이다.

하지만 이 과정 전체가 역사적 발전상의 어떤 특수한 단계를 나타내는 하나의 사회적 과정이었으므로, 이것을 사회에 대한 개인의 반역 또는 사회적 속박으로부터의 개인의 해방 등의 견해로 설명할 수는 없다.

수많은 조짐으로 알 수 있는 바와 같이, 이 발전의 이데올로기의 중심이었던 서방세계에서도 이런 역사적 시기는 종착역에 이르렀다. 여기서 소위 대중적 민주주의의 발흥이라든가, 경제적 생산 및 조직이 개인 우위의 형식에서 차차 집단 우위의 형식으로 변하고 있다든가 하는 점을 강조할 필요는 없을 것이다.

그러나 이 길고 풍요한 시기의 결과인 이데올로기는 지금도 서유럽 및 영어를 사용하는 여러 나라에서는 지배적인 힘을 떨치고 있다. 우리는 자유와 평등, 또는 개인의 자유와 사회적 정의 사이의 긴장을 추상적인 용어로 표현할 때, 이 추상적인 관념 사이에서 싸움이 일어나고 있는 것이 아니라는 사실을 잊기 쉽다.

이것은 개인 자체와 사회 자체 사이의 투쟁이라기보다는 사회 속에 있는 여러 개인의 집단과 집단 사이의 투쟁이며, 어느 집단이건 자기에게 유리한 사회정책을 추진하고, 자기에게 불리한 사회정책을 막기 위해 노력하고 있는 것이다.

일대 사회운동이라는 의미의 개인주의가 아닌 개인과 사회 사이의 그릇된 대립관이라는 뜻에서의 개인주의는 이제 특정 이익집단의 슬로건이 되었고, 또 그것이 논쟁적 성격을 가졌기 때문에 우리가 세계의 움직임을 이해하는 데 장애물이 되어버렸다.

물론 개인숭배도 개인을 수단으로 하고 사회나 국가를 목적으로 하는 도착(倒錯) 현상에 대한 항의로서의 의미는 있었지만, 거기에 대해서는 별로 할말이 없다. 그러나 사회의 바깥에서는 추상적인 개인이라는 관념을 사용하려고 시도하는 한 우리는 과거도 현재도 진정으로 이해할 수는 없을 것이다.

이쯤에서 나의 긴 탈선도 비로소 끝을 맺게 된다. 역사에 대한 상식적인 견해로 본다면 역사란 개인에 의해 씌어진 개인에 대한 기록이다. 실제로 이 견해는 19세기의 자유주의적 역사가들에 의해서 수용되고 장려되어 왔으며, 또 본질적으로 틀린 것은 아니다. 그러나 이것은 지나치게 단순하고 불충분한 견해로 생각되므로 좀더 자세하게 검토할 필요가 있다.

역사가의 지식은 개인적인 소유물이 아니라, 여러 세대에 걸친 사람들이 여러 나라에서 그 축적에 참가해 온 것이다.

그리고 역사가, 즉 그 행위를 연구하는 당사자들만 하더라도 진공(眞空) 속에서 행위한 고립된 개인이 아니라 과거 어느 사회의 문맥(文脈) 속에서, 또 그것에 충동을 받으면서 행위하고 있었던 것이다.

지난번 강연에서 나는 역사란 현재의 역사가와 과거의 사실 사이의 상호작용의 과정이며, 현재와 과거 사이의 대화라고 말한 적이 있다.

이번에는 이 방정식(方程式) 양쪽의 개인적 요소와 사회적 요소의 비중을 연구할까 생각한다. 역사가는 어디까지 단일한 개인인가? 그리고 어디까지 자기의 사회 및 시대의 산물인가? 역사상의 사실은 어디까지가 단일한 개인에 관한 사실이고, 어디까지가 사회적 사실인가?

그런데 역사가도 한 개인이다. 따라서 그는 다른 많은 개인과 똑같이 하나의 사회적 현상이며, 그가 속한 사회의 산물인 동시에 그 사회의 의식적 혹은 무의식적 대변인이다. 그런 자격으로 그는 역사적 과거의 사실에 접근해 가는 것이다.

우리는 보통 역사의 과정을 '움직이는 행렬'로 논한다. 그 비유는 그런대로 괜찮다. 다만 역사가가 그 비유에 이끌려 깎아지른 바위 끝에서 사방을 둘러보는 독수리나 발코니에 서 있는 거인이라도 된 듯이 여기는 일이 없다는 전제하에 하는 이야기이다.

이것은 이치에 닿지 않는 일이다. 역사가도 같은 '움직이는 행렬'의 어느 한 부분에 끼여 터벅터벅 걸음을 옮겨놓고 있는 또 하나의 희미한 그림자 인물에 불과하다.

그런데다가 행렬이 꾸불꾸불 좌우로 굽고 때로는 다시 되돌아가고 해서 이 행렬의 여러 부분의 상대적인 위치가 계속 변화하기 때문에, 예컨대 1세기 전의 증조부보다 오늘의 우리가 중세와 더 유사하다든가, 카이사르의 시대가 단테의 시대보다 현대와 더 유사하다든가 하는 것이 크게 의미가 있는 경우도 있을 것이다.

이 행렬과 함께 역사가가 앞으로 나아감에 따라 계속해서 새로운 전경이 펼쳐지고 새로운 시각(視角)이 나타난다. 역사가는 역사의 일부이다.

역사가가 서 있는 행렬 속의 지점이 과거에 대한 그의 시각을 결정하는 것이다.

이 공리(公理)는 역사가가 취급하는 시대가 그 자신의 시대에서 멀리 떨어져 있는 경우에도 똑같이 통용되는 것이다.

내가 고대사에 대해 연구하고 있을 무렵, 이 문제에 대한 고전은(아마 오늘날에도 마찬가지일 테지만) 그로트(Grote)의 《그리스 역사》와 몸젠의 《로마 역사》였다.

1840년대에 저작활동을 한 선각자이자 급진적인 은행가인 그로트는 영국의 진보적인 신흥 중산계급의 소망을 아테네 민주정치의 이상화된 모습에 담았는데, 거기서는 페리클레스가 벤담주의적 개혁자의 역할을 하고, 아테네는 잠시의 방심으로 제국을 맞이하게 되어 있었다.

그로트가 아테네의 노예제도 문제를 무시하고 있는 것은, 그가 속한 집단이 영국의 공장 노동자라는 새로운 계급문제와 대항할 힘이 없다는 증거라고 생각해도 과히 틀린 얘기는 아닐 것이다.

몸젠은 독일의 자유주의자로 1848년부터 1849년에 걸친 독일 혁명에 지치고 상처입어 환멸을 느낀 사람이었다. 그는 1850년대(현실정치라는 명칭과 개념이 생긴 10년 동안)에 저작활동을 했지만, 정치적 대망의 달성에 실패한 독일 국민에게는 뒤에 남겨진 혼란을 제거할 강한 사람이 필요하다는 생각에 사로잡혀 있었다.

그가 카이사르에게 가한 그 유명한 이상화(理想化)도 독일을 폐허에서 구제할 강력한 인물에 대한 이런 동경의 소산이며, 능숙한 수다쟁이이자 교활하고 우유부단한 법률가이자 정치가인 키케로도 마치 1848년 프랑크푸르트의 바울 교회에서 있었던 헌법회의 석상에서 곧장 걸어나온 것처럼 여겨졌다. 우리는 이런 점을 파악해야만 비로소 몸젠의 역사의 진정한 가치를 이해할 수 있다.

사실 그로트의 《그리스 역사》는 오늘날 우리에게 기원전 5세기의 아테네 민주정치에 대해서 이야기하는 것처럼 1840년대 영국의 철학적 급진주의 사상에 대해서도 이야기하고 있다. 독일의 자유주의자들에게 있어서 1848년 혁명의 의미를 알고자 하는 사람은 몸젠의 《로마 역사》를 교재의 하나로 추가해야 한다고 말하는 사람이 있다 해도 나는 당치 않은 말이라고 생각지는 않을 것이다. 또한 이것이 위대한 역사서로서의 이 두 책의 지위를 손상시키지도 않는다.

베리가 취임 연설에서, 몸젠의 위대함은 그의 《로마 역사》에 있는 것이 아니라 그의 비문 집성(碑文集成)이나 로마 헌법에 관한 업적에 있다고 주장한 이래 그것이 그대로 유행되고 있지만, 나는 이 말에 동의할 수 없다.

그것은 역사를 편찬의 수준으로 끌어내리는 것이다. 위대한 역사는 과거에 대한 역사가의 시각이 현재의 여러 문제에 대한 통찰에 비추어져야만 씌어질 수 있는 것이다.

공화정(共和政) 몰락 뒤에 몸젠이 더 이상 역사의 붓을 들지 않았다는 사실에 사람들은 놀라워했다. 몸젠에게는 시간이 없었던 것도 아니고, 기회나 지식이 없었던 것도 아니다. 몸젠이 역사를 쓰고 있을 당시의 독일에는 아직 강력한 인물이 나타나지 않았다.

그가 활동을 하고 있던 시기에는 만일 강력한 인물이 정권을 장악하면 어떻게 될 것인가 하는 것은 아직 현실적인 문제가 아니었던 것이다. 몸젠을 격려하여 거슬러 올라가 로마의 무대에 이 문제를 제기하도록 하는 동기가 전혀 없었다.

그리하여 로마 제국의 역사는 결국 씌어지지 않았던 것이다.

이런 예는 오늘날의 역사가 중에도 많이 있다.

지난번 강연에서 나는 트리벨리언 박사의 《앤 여왕 시대의 잉글랜드》야말로 그가 그 흐름에 이어져 있는 휘그적 전통에 대한 기념비적 저작이라고 찬사를 보냈다.

이번에는 우리들 대부분이 제1차 세계대전 후 학계에 등장한 영국 최대의 역사가라고 생각해 온 루이스 네이미어(Lewis Namier)의 당당하고 중요한 업적에 대해 생각해 보기로 하자.

네이미어는 대략 75퍼센트가 자유주의자라는 영국의 전형적인 보수주의자가 아니라, 지난 백 년 이상 동안 영국의 역사가들 중에서 그 유례를 찾아보기 힘든 진정한 의미의 보수주의자였다.

영국의 역사가들로서는 18세기 중엽에서 1914년에 걸친 역사적 변화를 더 바람직한 것으로의 변화라고밖에는 생각할 수가 없었다.

그런데 우리는 변화가 미래에 대한 공포와 결합하기 시작했고, 변화란 으레 더 나쁜 것으로의 변화라고 생각되는 보수주의적 사상의 부활의 시기, 즉 1920년대로 들어가게 되었다.

네이미어의 보수주의의 강도나 깊이도, 액턴의 자유주의와 마찬가지로 그것이 대륙적 배경에 근거를 두고 있는[4] 데서 온 것이었다. 그런데 네이미어는 그의 동시대 사람인 피셔나 토인비와는 달리 그 근거를 19세기의 자유주의에다 두고 있지 않았고, 따라서 그에 대한 미련에 고민하는 일이 없었다.

---

[4] 여기서 주목할 가치가 있는 일은, 두 차례의 세계대전 기간에 활동한 영국의 보수적인 대작가 T.S. 엘리엇에게도 비영국적 배경이라는 유리한 조건이 있었다는 것이다. 1914년 이전의 영국에서 자란 사람이면 자유주의적인 전통의 억압을 완전히 벗어나기 힘들었다.

제1차 세계대전 이후, 그리고 헛된 평화가 자유주의의 파산을 분명히 한 뒤로 그 반동은 사회주의나 보수주의 두 가지 형태 중 하나로 나타날 수밖에 없었다. 네이미어는 보수주의 역사가로 등장했다. 그는 두 가지 분야를 선택하여 연구를 진행시켰는데, 그 선택은 모두 중요한 의미를 갖는 것이었다.

그는 영국 역사상 지배계급이 질서가 있고 매우 정적(靜的)인 사회 속에서 지위 및 권력을 합리적으로 추구하는 힘이 있었던 최후의 시기로 거슬러 올라갔다. 누군가 네이미어는 역사에서 정신을 제거했다고 비난한 일이 있다.[5] 아무래도 그것은 적절한 말이 아닌 것 같지만, 그 비평가가 지적하려고 한 점은 이해할 수 있다.

조지 3세 시대의 정치는 프랑스 혁명과 함께 세계를 엄습하여 자유주의의 승리의 세기를 도입한 그 진보적·열광적 신앙이라는 사상의 광신주의에 아직은 물들지 않고 있었다.

어떤 사상도, 혁명도, 자유주의도 없었으므로, 네이미어는 이들 모든 위험으로부터 그때까지는 안전한(언제까지나 안전하다고 할 수는 없어도) 시대의 빛나는 초상(肖像)을 우리에게 전하는 길을 택했다.

그러나 네이미어는 영국, 프랑스, 미국, 러시아에서 일어난 근대의 창조적인 대혁명을 무시하고(그는 그 어느 것에 대해서나 내용이 있는 글을 쓰지 않았다) 1848년의 유럽 혁명, 다시 말해서 좌절된 혁명, 고양되는 자유주의적 소망의 전 유럽적인 후퇴, 무력(武力)에 직면한 사상, 군대와 마주섰을 때 느끼는 민주주의자의 공허함에 대한 증명, 그 철저한 연구를 우리에게 제시하는 길을 택했던 것이다.

---

[5] 이 비판은 원래 1953년 8월 28일자 *The Times Literary Supplement*에 실렸던 'The Namier View of History'라는 익명 기사에 최초로 등장했는데, 그 내용은 다음과 같다. "다윈은 우주에서 정신을 제거해 버렸다고 비난받았는데, 여러 가지 의미에서 루이스 경은 정치사에서의 다윈이었다."

그 지극히 부끄러운 좌절을 네이미어는 '인텔리 혁명'이라 부르고, 정치라는 진실된 일 속에 사상이 끼여드는 것은 무익하고 위험하다는 교훈을 반복해서 주장하였다.

나의 결론은 단순히 추측에 의한 것이 아니다. 사실 네이미어는 역사철학에 대해 전혀 글을 쓰지는 않았지만, 2, 3년 전에 발표된 논문에서 그는 여느 때의 그 명석하고 강력한 어조로 자기 주장을 되풀이하고 있기 때문이다.

"그래서 정치적인 학설이나 교리에서 정신의 자유로운 활동을 방해하는 일이 적으면 적을수록 그가 사고하는 데는 유리한 것이다."

그리고 역사에서 정신을 제거했다는 비난에 대해 스스로 언급한 뒤, 그것을 부정하지 않은 채 말을 이었다.

"정치 철학자 중에는, 지금 영국에서는 일반적인 정치문제 논의가 침체되어 있다든가, 존재하지 않는다든가, 구체적인 문제 때문에 실제적인 해결이 되지 않을 뿐이지 양당이 다 프로그램이나 이상을 잊고 있으니 하고 한탄하는 사람이 있다. 하지만 내가 볼 때 그런 태도는 우리의 국민성이 성숙했음을 나타내는 것으로 추측된다. 나로서는 정치철학의 활동에 방해받지 않고 그런 태도가 길게 계속되기를 바랄 뿐이다."[6]

나로서는 지금 이 견해를 따지고 싶은 생각이 없다. 그런 일은 다음 기회로 미루고 싶다.

이 자리에서 내가 목적하는 바는 두 가지 중요한 진리, 즉 첫째로, 역사가가 연구하는 입장을 먼저 파악하지 않으면 그 역사가의 연구를 제대로 이해할 수도 평가할 수도 없다는 것, 둘째로, 이러한 입장은 그 자체가 사회적·역사적 배경에 뿌리를 두고 있다는 사실을 밝히는 것뿐이다.

---

[6] L. Namier, *Personalities and Powers*(1955), pp.5, 7.

마르크스도 일찍이 말한 바 있지만, 교육자 자신이 교육을 받아야 한다는 것을 잊지 말아주기 바란다. 오늘날의 유행어로 말하면, 세뇌자(洗腦者)의 뇌 그 자체를 세뇌해야 한다는 것이다.

역사가는 역사를 쓰기 시작하기 전에 이미 역사의 산물인 것이다.

앞서 내가 말한 그로트와 몸젠, 트리벨리언과 네이미어 등의 역사가들은, 이를테면 모두 저마다 하나의 사회적·정치적 거푸집에 끼워져 있었으므로, 그들의 초기 저작과 후기의 저작 사이에는 눈에 띄는 견해의 변화는 일어나지 않았다.

반면에 격동기의 역사가들 중에는 그 저작 속에 하나의 사회적 질서가 아니라 여러 가지 질서와 계기를 반영하는 사람도 있다.

독일의 위대한 역사가 마이네케(Meinecke)는 내가 알고 있는 가장 좋은 예라고 할 수 있다.

그의 생애도 활동도 꽤 오랜 기간에 걸쳐 있는데, 그 조국의 운명에 있어서의 많은 혁명적 및 파국적인 변화가 그 기간에 들어 있었다.

여기서 우리는 결국 서로 다른 형태의 마이네케를 보게 되며, 그 한 사람 한 사람이 서로 다른 역사적 시대의 대변인 구실을 하여, 제각기 그의 3대 저작 중의 하나를 통해서 말하고 있다.

마이네케는 1907년에 출판된 《세계 시민주의와 민족국가》에서 비스마르크의 독일제국을 독일의 민족적 이상의 실현으로 확신하고 있으며, 마치니 이후 19세기의 여러 사상가들과 마찬가지로 민족주의를 보편주의의 최고 형태로서 간주한다. 그것은 곧 비스마르크 시대에 이은 빌헬름 시대의 기이한 산물인 것이다.

그는 또 1925년에 출판된 《국가적 이성의 관념》에서 바이마르 공화국의 분열되고 당황한 정신 상태를 대변한다.

이를테면 정치 세계란 국가적인 이성과 정치 외적인 윤리 사이에서 결판이 나지 않는 투쟁의 무대가 되어버렸지만, 이 윤리 역시 국가의 생명이나 안전을 무시할 수가 없다는 것이다.

끝으로 나치 치하에서 학문적인 명성을 잃어간 1936년의 《역사주의의 성립》에서는 '존재하는 것은 무엇이건 옳다'고 인정하는 역사주의를 부정하면서, 역사적이고 상대적인 것과 초합리적이고 절대적인 것 사이를 불안한 듯 오락가락하며 절망에 찬 소리를 지르고 있다.

그러다가 이윽고 자기 조국이 1918년 패배의 몇 곱절이나 되는 파괴적인 군사적 패배로 붕괴되는 것을 본 고령의 마이네케는 1946년에 출판된 《독일의 파국》에서 역사란 맹목적이고 가치 없는 우연에 희롱되고 있다는 신앙에 맥없이 빠져들어가고 말았던 것이다.[7]

만일 심리학자나 전기작가라면 개인으로서의 마이네케의 변화에 흥미를 느끼겠지만, 역사가에게 흥미 있는 것은, 현재라고는 해도 거기에는 세 단계의, 아니 네 단계의 시기가 선명한 대조로 연속하여 존재하며, 그것을 마이네케가 역사적 과거 속에 반영시키고 있는 광경이다.

이번에는 좀더 가까운 영국에서 뚜렷한 예를 찾아보자.

우상 파괴적인 1930년대라고 하면 영국의 정책상 한 유력한 세력으로서의 자유당이 바야흐로 없어지려 하던 시대이지만, 버터필드 교수는 《휘그적 역사 해석》이라는 책을 써서 당연한 이야기이지만, 큰 성공을 거두었다.

그것은 여러 가지 의미로 주목할 만한 책이었다. 그 이유의 하나는, 약 130페이지에 걸쳐서 휘그적인 해석을 비난하면서도, 내가 색인에 의하지 않고 발견할 수

---

[7] 이 전에 관해서는 W. 스타크 박사의 마이네케의 발전에 대한 뛰어난 분석(이것은 *Machiavellism*이라는 표제로 1957년에 출판된 마이네케의 *Die Idee der Staatsräson*의 영역본 서문에 포함되어 있다)에서 참고하였다. 그러나 스타크 박사는 마이네케의 제3기의 초합리적 요소를 과장하고 있는 것으로 생각된다.

있었던 한에서는, 폭스(역사가가 아니다)를 제외하면 한 사람의 휘그의 이름도, 액턴(휘그가 아니다)을 제외하면 한 사람의 역사가 이름도 거론하고 있지 않다는[8] 것이다.

그러나 이 책은 세밀함이나 정확성의 결함을 재기 넘치는 독설로써 충분히 보상하고 있다.

이 책을 읽은 사람은, 휘그적 해석이 좋지 않다는 점만은 뚜렷이 깨닫게 되었을 것이다. 그리고 휘그적 해석에 대한 비난의 하나는, 그것이 '현재와의 관계에서 과거를 연구한다'는 데에 있다고 한다. 이 점에 대해서 버터필드 교수는 이렇게 말하고 있다.

"한쪽 눈을 현재로 돌린 채 과거를 연구하는 것은, 역사에 있어서 모든 죄와 궤변의 근원이다. 바로 이것이 '비역사적'이라는 말의 본질적인 의미이다."[9]

그로부터 12년이 지나 우상 파괴의 유행은 사그라졌다. 버터필드의 조국은 '말하자면 한쪽 눈을 현재로 돌린 채' 계속해서 과거를 들춰내는 위대한 지도자 밑에서 휘그적 전통 속에 구체화되어 있는 입헌적(立憲的) 자유를 지키기 위한 싸움이라고 평가되는 전쟁에 끼여들었다.

1944년에 출판된 《영국인과 그 역사》라는 소책자에서, 버터필드 교수는 역사의 휘그적 해석은 '영국적'인 해석이라고 언명하면서 '영국인과 그 역사와의 협력'에 대해서, 그리고 '현재와 과거의 결합'에 대해서 열정적으로 이야기했다.[10]

내가 이러한 견해의 반전에 주의해 달라는 것은 굳이 비판하기 위해서가 아니다. 버터필드 제1호를 버터필드 제2호로 두드리자든가, 술에 취한 버터필드 교수

---

[8] H. Butterfield, *The Whig Interpretation of History*(1931), p.67. 저자는 여기서 '실체 없는 사상'에 대한 '건강한 불신'의 신념을 표명하고 있다.
[9] H. Butterfield, *The Whig Interpretation of History*(1931), pp.11, 31~32.
[10] H. Butterfield, *The Englishman and his History*(1944), pp.2, 4~5.

를 말짱한 버터필드 교수와 대면시키자는 것이 내 의도는 아니다.

나는 잘 알고 있지만, 내가 전쟁 전과 전쟁 중, 그리고 전쟁 후에 쓴 것을 조금이라도 읽어준 독자라면, 적어도 내가 다른 사람들에게서 발견한 것과 마찬가지로 어김없는 모순이나 당착을 지적하여 나를 비난하는 것은 그야말로 수월한 일일 것이기 때문이다.

과거 50년 동안 대단히 중요한 갖가지 사건을 용케 빠져나와서 자기 견해에 무엇 하나 근본적인 변화도 없었다고 진정으로 주장할 수 있는 역사가가 실제로 있다 해도, 나는 과연 그를 부럽게 생각할지 어떨지 모르겠다. 현재의 내 목적은, 역사가의 연구가 연구활동을 하고 있는 바로 그 사회를 얼마나 정확하게 반영하고 있는가를 나타내고자 하는 것이 전부이다.

사건만이 흐름 속에 있는 것은 아니다. 역사가 자신도 그 흐름 속에 있는 것이다. 역사서를 읽을 때, 저자의 이름을 지면에서 찾는 것만으로는 부족하다. 간행 또는 집필의 연대를 찾아야 하며, 그 편이 때로는 유익한 법이다. 같은 냇물에 두 번 발을 담글 수 없다는 철학자의 말이 옳다면, 같은 역사가가 두 권의 책을 쓸 수는 없다는 것도 역시 진실일 것이고 그 이유도 또한 마찬가지일 것이다.

역사가(歷史家) 개인에서 역사 서술의 주요 경향이라고 할 만한 것으로 잠깐 화제를 옮기면, 역사가가 그 사회의 산물이라는 점은 더욱더 분명해진다.

영국 역사가의 거의 대부분은 19세기에는 역사의 과정이 진보 원리의 증명이라고 생각하고 있었다. 즉 그들은 놀라운 속도로 진보한다는 조건 아래에서 사회의 이데올로기를 표현하고 있었던 것이다.

역사가 우리의 진로와 맞아떨어지는 것처럼 생각되는 동안은 영국 역사가들에게 있어서 역사는 의미가 있었다. 그런데 역사가 좋지 않은 방향으로 흐르자 역사의 의미를 믿는다는 것은 이단설(異端說)이 되어버린 것이다.

제1차 세계대전이 끝난 후, 토인비는 몰락기 사회의 전형적인 이데올로기로 직선적 역사관 대신 순환 이론을 대치하는 절망적인 시도를 했다.[11] 토인비의 시도가 실패하자, 영국 역사가들 대부분은 전의를 잃고, 역사에는 어떤 일반적인 형태도 없다고 선언하는 것으로 만족해 왔다. 마찬가지 의도의 피셔의 말[12]은 전 세기의 랑케의 금언에 뒤떨어지지 않는 인기를 얻었다.

영국 역사가들이 최근 30년 동안 진지하게 개인적인 반성을 하고, 제각기 다락방에서 밤을 새워 공부한 결과 이와 같은 생각의 변화를 경험하게 되었다고 말하는 사람이 있더라도, 나는 그런 사실에 대해 논쟁할 필요가 있다고는 믿지 않는다.

하지만 나로서는 이들 모든 개인의 사색이나 밤샘 공부를 어디까지나 일종의 사회현상, 즉 1914년 이후 우리 사회 성격의 어떤 근본적 변화의 산물 및 표현으로 생각하려 하는 것이다.

한 사회가 어떤 역사를 쓰느냐, 어떤 역사를 쓰지 않느냐 하는 것보다 더 그 사회의 성격을 뜻깊게 암시하는 것은 없다.

네덜란드의 역사가 거일(Geyl)은 《나폴레옹의 공(功)과 과(過)》라는 제목으로 영역된 흥미 있는 논문에서, 19세기 프랑스의 역사가들이 연이어 나폴레옹에게 가한 평가가 19세기 프랑스의 정치생활과 정치사상의 변화와 투쟁상을 반영하고 있는 경위를 밝히고 있다.

다른 사람들의 사상도 마찬가지이지만, 역사가들의 사상도 시간적 · 공간적 환

---

[11] 마르쿠스 아우렐리우스는 로마 제국의 황혼기에 "오늘의 모든 사건은 과거에도 일어난 일이고, 미래에도 일어날 일이다."고 생각하여 스스로 위로했다(*To Himself*, x, p.27). 다 아는 바와 같이 토인비는 이런 생각을 슈펭글러의 *Decline of the West*에서 얻었다.
[12] Preface, dated 4 December 1934, to *A History of Europe*.

경에 의해서 만들어지고 있는 것이다. 이와 같은 진리를 충분히 인정하고 있던 액턴은 환경에서 벗어나는 길을 역사 그 자체 속에서 발견했다.

그는 "역사는 다른 시대의 부당한 영향에서 우리를 구출해낼 뿐 아니라, 우리 시대의 부당한 영향이나 환경의 압제 또는 우리가 호흡하는 공기의 압력에서까지도 우리를 구제할 만한 것이어야 한다."[13]라고 쓰고 있다.

어쩌면 이것은 역사의 역할에 대한 매우 안이한 생각처럼 들릴지도 모른다. 하지만 자기는 하나의 개인이지 사회현상은 아니라고 소리 높여 역설하는 역사가에 비하면, 자기의 상황을 지극히 예리하게 의식하는 역사가가 그 상황을 극복하는 힘을 가지고 있으며, 그 편이 자기의 사회나 견해와 다른 시대 및 다른 국가의 사회나 견해의 차이가 중요하다는 것을 인식하는 더 많은 능력이 있다고까지 생각된다.

자기의 사회적 및 역사적인 상황을 극복하는 인간의 능력은, 자기가 그 상황에 어떻게 연루되어 있는가를 인정하는 감수성 여하에 영향받는 것으로 생각된다.

첫번째 강연에서 나는 역사를 연구하기에 앞서 역사가를 연구하라고 말했다.

오늘은 거기에 덧붙여서 이렇게 말해야겠다. '역사가를 연구하기에 앞서 역사가의 역사적 및 사회적 환경을 연구하라.'

역사가는 개인인 동시에 역사와 사회의 산물이다. 역사를 공부하는 사람은 이런 이중적 안목으로 역사가를 비중 있게 보는 법을 배워야 한다.

이제 역사가를 떠나 그 방정식의 또 하나의 항(項)인 역사상의 사실을 같은 문제 형태에 비추어서 생각해 보자.

역사가의 연구 대상은 여러 개인의 행동인가, 그렇지 않으면 사회적인 여러 힘

---

[13] Acton, *Lectures on Modern History* (1906), p.33.

의 작용인가? 이렇게 해서 나는 단단하게 다져진 땅에 발을 내딛는다.

벌린(I. Berlin) 경이 몇 년 전에 〈역사적 불가피성〉이라는 재기에 찬 인기 있는 논문을 발표했을 때, 그는 T. S. 엘리엇의 저작에서 '거대한 비개인적인 힘'이라는 말을 빌려 그것을 책머리에 모토로 내걸었다. 그리고 그 책 전체를 통해서, 역사에 있어서의 결정적 요소는 개인이 아니라 '거대한 비개인적인 힘'이라고 믿고 있는 사람들을 조롱하였다.

내가 '존 왕은 나쁜 왕'이라는 이론(역사에서 문제가 되는 것은 개인의 성격이나 행동이라는 견해)이라고 부르고자 하는 것은 오랜 계보를 가지고 있다.

개인의 재능을 역사에 있어서의 창조력으로 요청하려는 욕구는 역사의식의 원시적 단계의 특징이다. 고대 그리스 인은 과거의 업적에, 그 업적 성취에 공헌한 원조격인 영웅의 이름을 끌어다 붙이기도 하고, 자기들의 서사시를 호메로스라고 부르는 시인의 것으로 돌리기도 하고, 자기들의 법률이나 제도를 리쿠르고스나 솔론의 업적으로 돌리기를 좋아했다.

르네상스 때 비슷한 경향이 다시 나타나, 당시의 고전주의의 부흥에 즈음해서는 전기작가 겸 모럴리스트인 플루타르코스(Plutarchos)는 고대의 역사가들보다 인기나 영향력에 있어서 훨씬 더 위대한 인물이 되었다.

특히 영국에서는 우리들 모두가 이런 이론을 어머니의 무릎에서부터 배운 거나 마찬가지이다.

현대사회에 살고 있는 우리로서는 거기에서 무언가 유치한 것, 적어도 덜된 것을 찾아낼 수 있을 것이다. 확실히 사회가 더 단순했고 정치문제가 소수의 유명한 사람들에 의해서 움직여지고 있는 듯이 보이는 시대였다면, 이 학설도 얼마간 통용력이 있었을 것이다. 하지만 복잡화한 현대사회에는 해당되지 않으며, 19세기에 사회학이라는 새로운 과학이 생겨난 것도 이 점증하는 복잡성에 대한 일종의 대안이었던 것이다.

그렇지만 오랜 전통은 여간해서는 사라지지 않는 법이다. 20세기 초기에까지도 '역사는 위인의 전기이다'라는 것이 여전히 긍정적인 금언이었다.

겨우 10년 전의 일인데, 미국의 어느 뛰어난 역사가가(물론 진정으로 한 말은 아니었을 테지만) 자기 동료들이 역사상의 인물들을 '사회적·경제적 여러 세력의 꼭두각시'처럼 취급하여 '역사적 인물의 대량 학살'을 시도했다고 비난한 적이 있다.[14]

최근에는 이 학설의 선봉자도 위와 같은 금언에는 차츰 떳떳하지 못하다는 생각을 가지게 된 모양이지만, 웨지우드(C. V. Wedgwood ; 영국의 역사가. 1910~) 여사가 지은 한 책의 서론에서 그 새로운 성명(聲明)이 발견되었다. 그녀는 다음과 같이 썼다.

"나는 개인으로서의 인간의 행동이 집단이나 계급으로서의 인간의 행동보다 흥미가 있다. 어느 쪽을 기초로 하건 역사는 쓸 수 있는 것이고, 어느 쪽이 더 사람들을 오해하게 하거나 덜 오해하게 하거나 하는 것이 아니다……. 이 책은…… 이런 사람들이 어떻게 느끼고 있었으며, 또 어떤 기분으로 그같이 행동했는가 하는 이유를 알아내려는 시도이다."[15]

이러한 주장은 명료하다.

웨지우드 여사는 인기 있는 저술가이니 틀림없이 많은 사람들이 그녀와 같은 생각을 가지고 있을 것이다.

로즈 박사의 말에 의하면, 엘리자베스 왕조의 제도가 붕괴된 것은 제임스 1세가 그 체제를 이해할 만한 능력이 없었기 때문이며, 17세기의 영국 혁명은 스튜어트 왕조 초기에 두 국왕이 어리석었기 때문에 발생하게 된 '우연한' 사건이라

---

[14] *American Historical Review*, 1vi, No. 1(January 1951), p.270.
[15] C.V. Wedgwood, *The King's Peace*(1955), p.17.

는 것이다.**16**

로즈 박사에 비해 훨씬 엄격한 역사가인 존 닐(J. Neale ; 영국의 역사가. 1890~)경 역시 튜더 왕조의 의미를 설명하기보다는 엘리자베스 여왕에 대해 찬미하는 데에 열심인 경우가 있는 것 같다.

앞서 인용했던 벌린은, 역사가가 칭기즈 칸이나 히틀러를 행여라도 악인으로 규탄하지 않는 것은 아닐까 몹시 고민하고 있다.**17** '존 왕은 나쁜 왕, 엘리자베스 여왕은 착한 여왕'이라는 학설은 최근에 와서 특히 더 설득력을 얻고 있다.

공산주의를 '칼 마르크스의 머리가 낳은 아이'라고(나는 이 말을 최근 증권계의 광고지에서 빌렸지만) 부르는 편이 공산주의의 기원이나 성격을 분석하는 것보다 쉽고, 볼셰비키 혁명을 니콜라이 2세의 우둔이나 독일의 금 때문이라고 돌리는 편이 혁명의 심오한 사회적 원인을 연구하는 것보다 수월하며, 20세기의 두 차례에 걸친 세계대전을 빌헬름 2세나 히틀러의 개인적 악의의 결과라고 간주하는 편이 국제 관계의 체제에서의 어떤 근본적인 붕괴의 결과라고 생각하는 것보다 수월한 것이다.

그런데 웨지우드 여사의 주장에는 두 명제가 결합되어 있다.

그 첫째 명제는, 개인으로서의 인간의 행동은 집단 또는 계급의 일원으로서의 인간의 행동과는 구별되며, 그중 어느 한쪽을 택하여 논하는 것이 역사가의 정당한 권리라는 것이다.

둘째 명제는, 개인으로서의 인간의 행동에 관한 연구는 그들의 행위의 의식적

---

16 A.L. Rowse, *The England of Elizabeth*(1950), pp.261~2, 382. 그런데 로즈 박사는 초기의 한 논문에서는 '부르봉 가문 사람들이 1870년 이후 프랑스에 왕정을 재건하지 못한 이유는 순전히 앙리 5세가 하찮은 부르봉 가문의 깃발 따위에 집착했기 때문'이라고 생각하는 역사가를 비난한 적이 있다(*The End of an Epoch*, 1949, p.275.). 아마 그는 이런 개인중심의 설명을 영국사를 위해 보류했을 것이다.
17 I. Berlin, *Historical Inevitability*(1954), p.42.

동기에 관한 연구라는 것이다.

앞에서 이미 여러 가지로 설명해 왔기 때문에, 나는 첫째 문제에 대해서는 주력할 필요가 없다고 생각한다. 인간을 개인으로 보는 견해가 인간을 집단의 일원으로 보는 견해보다 더 오해를 일으킨다든가 또는 덜 오해를 일으킨다든가 하지는 않는다. 사람들을 오해로 이끄는 것은 그 둘 사이에 분명히 선을 그으려는 시도이다.

개인이란 원래 하나의 사회나 아마도 하나 이상 되는 사회의 일원이며, 그 사회를 집단, 계급, 종족, 국민 등 무엇이라 부르건 상관이 없다.

초기의 생물학자들은 새장이나 수족관이나 우리 속의 새, 짐승, 물고기의 종류를 분류하는 것으로 만족했으며, 생물을 그 환경과 관련해서 연구하려고 하지 않았다. 아마 오늘날의 사회과학 또한 이런 원시적 상태에서 완전히 벗어나지는 못했을 것 같다.

어떤 사람들은 개인의 학문으로서의 심리학과 사회의 학문으로서의 사회학을 구별한다. 그리고 궁극적으로 모든 사회적 문제가 개인 행동의 분석으로 환원할 수 있다는 견해를 심리주의라고 부른다. 그러나 개인의 사회적 환경을 연구할 줄 모르는 심리학자는, 별로 대단한 일을 하지 못할 것이다.[18] 개인으로서의 인간을 다루는 전기(傳記)와 전체의 일부로서의 인간을 다루는 역사를 구별하는 것이나, 좋은 전기는 나쁜 역사를 만든다고 생각하는 것이나 다 그럴듯하다.

액턴은 일찍이 이렇게 말했다. "개인적 인물에 의해 고취된 관심만큼 인간의 역사관에 오류와 불공평을 야기하는 것은 없다."

---

18 현대의 심리학자들은 아직도 이것을 오류라고 인정하고 있다. "심리학자 집단에서는 개인을 움직이는 사회체제 속의 한 단위로 다루지 않고, 먼저 구제적인 인간이 있고 그 다음에 사회체제를 형성하는 방향으로 나아가는 것으로 다루었다. 따라서 심리학자들은 자기들이 사용하는 범주가 특별한 의미에서 추상적이라는 것을 잘 깨닫지 못하였다."(Professor Talcott Parsons in the introduction to Max Weber, *The Theory of Social and Economic Organization*, 1947, p.27.)

이 구별은 사실이 아니지만, 그렇다고 해서 나는 영(G. B. Young ; 영국의 역사가, 1882~1959)이 그의 저서 《빅토리아 시대의 잉글랜드》의 속표지에 인용한 빅토리아 시대의 격언인 "하인은 사람들의 이야기를 하고 신사는 물건을 논한다."는 말 뒤로 도피하려는 생각은 없다.[19]

몇몇 전기작가는 역사에 중요한 공헌을 한다. 나의 전공 분야에서 보면, 아이작 도이처(Isaac Deutscher)의 스탈린 전기나 트로츠키 전기가 뛰어난 예이다. 그러나 어떤 것은 역사소설과 마찬가지로 문학에 속한다.

트레버로퍼 교수는 이렇게 말한다. "리턴 스트레이치에게는 역사상의 문제가 언제나 그리고 유일하게 개인의 행동이나 기행(奇行)에 관한 문제였다……. 그는 정치나 사회 같은 역사상의 여러 문제에 대해서는 결코 대답하려고 한 적도 없고, 또 묻지도 않았다."[20]

누구든 역사를 쓰거나 읽을 의무가 있는 것도 아니고, 역사가 아닌 과거에 대해서도 훌륭한 책을 쓸 수 있다.

그러나 '역사'라는 말은 사회 속에 있는 인간의 과거에 대한 연구과정에만 사용할 수 있다는 것이(이 강연에서는 그렇게 할 작정이지만) 나의 생각이다.

역사란 개인이 '그들 자신의 기분으로 보아 왜 그렇게 행동했는가'를 연구하는 것이라고 하는 두 번째 문제점은 언뜻 보기에 매우 이상하게 생각된다. 내 생각에 웨지우드 여사 역시 다른 현명한 사람들과 마찬가지로 자기가 설명한 바를 자기 자신은 실행하지 않은 것 같다. 만일 실행한다면, 그녀는 틀림없이 기묘한

---

19 하버트 스펜서는 매우 장중한 문장으로 이런 생각을 자세하게 설명했다. "어떤 인간의 정신적 능력을 대략적으로 알고자 하면, 그 사람이 하는 말에서 개인적인 일과 일반적인 일의 비율이 어떤가, 개인에 관한 단순한 진리 대신 인간이나 사물에 관한 많은 경험에서 추출된 진리가 어디까지 나타나 있는가를 관찰하는 것이 좋다. 이와 같이 해서 많은 사람을 측정해 보면, 인간 현상에 대해서 전기적인 견해 이상의 생각을 가진 사람은 극소수에 불과하다는 사실을 알게 될 것이다."
20 H.R. Trevor-Roper, *Historical Essays*(1957), p.281.

역사를 쓰게 될 것이다.

　오늘날에는 모두가 알고 있는 일이지만, 인간은 언제나, 아니 오히려 일반적으로 자기가 완전히 의식하고 있는 동기나 자기가 스스로 인정하는 동기에 의해서 행동하는 것은 아니다. 따라서 무의식적인, 혹은 본인이 시인하지 않은 동기에 대한 통찰을 무시하려 하는 것은 일부러 한쪽 눈을 가린 채 일을 시작하는 것과도 같다. 그런데 어떤 사람들은 이것이 역사가의 의무라는 것이다. 문제는 바로 거기에 있다.

　존 왕의 나쁜 점은 폭군이 되기 위한 그의 탐욕, 우둔함이나 야망에 있었다고 말하는 것에 만족하는 한, 여러분은 동화의 수준으로도 이해할 수 있는 개인적인 선악의 관점에서 말하는 것이다. 그런데 존 왕은 봉건제후의 대두에 반대하는 기존 권익의 무의식적 도구가 되어 있었다고 말하기 시작하면, 이번에는 존 왕의 나쁜 점에 대해서 지금까지보다 훨씬 복잡한 견해를 끌어들이게 될 뿐만 아니라 역사적 사건은 개인의 의식적 행위에 의해 정해지지 않고 그들의 무의식적 의지를 안내하는 외부의 전능적(全能的) 힘에 의해서 정해진다는 사실을 암시하는 것으로 생각하게 된다.

　물론 이것은 난센스이다. 나는 신의 섭리나, 세계 정신이나, 팽창의 계시나, 대문자로 씌어질 만한 역사나, 그밖에 흔히 여러 사건의 과정을 인도한다고 생각되는 추상적 관념은 믿지 않는다. 오히려 나는 마르크스의 다음과 같은 주장에 무조건 동의하고 싶다.

　"역사는 아무것도 행하지 않고, 막대한 부도 갖지 못했으며, 어떤 전투도 하지 않는다. 모든 일을 하고, 소유하고, 싸우는 것은 오히려 인간, 실제로 살아 있는 인간이다."[21]

---

[21] *Marx-Engels : Gesamtausgabe*, I, iii, p.625.

이 문제에 대해서 내가 설명할 점은, 추상적인 역사관과는 전혀 관련이 없고 순수한 경험적 관찰에 관한 것이다.

첫째, 역사란 상당한 정도까지 수(數)에 대한 문제라는 것이다. 칼라일은 "역사는 위인의 전기이다."라는 불행한 주장에 대해 책임이 있다. 그러나 그의 매우 유창한 웅변에 귀를 기울여 보자. 그의 가장 중요한 역사적 저술에는 다음과 같은 말이 나와 있다.

"2천5백만 명의 가슴을 무겁게 압박하던 굶주림, 추위, 그에 따르는 고통이야 말로(철학적인 변호사나 부유한 상점 주인이나 지방 귀족 따위의 상처받은 자존심이나 빗나간 철학이 아니라) 프랑스 혁명의 원동력이었다. 어느 나라의 어떤 혁명이든 같을 것이다."[22]

또한 레닌도 이런 말을 하였다.

"정치는 대중이 있는 곳에서 시작된다. 수천 명이 아니라 수백만 명이 있는 곳에서, 즉 진정한 정치가 시작되는 곳에서 시작이 된다."[23]

칼라일이나 레닌이 말하는 수백만 명이란 수백만의 개인을 지적하는 것이며, 거기에 비개인적인 것이라고는 하나도 없다.

이런 문제를 논할 때는 흔히 익명성(匿名性)과 비개인성이 혼동되곤 한다. 우리가 그들의 이름을 모른다고 해서 사람들이 사람들 아닌 것이 될 수 없으며 개인이 개인 아닌 것이 될 수는 없는 것이다.

엘리엇이 말하는 '거대한 비개인적인 힘'이라는 것은 보다 대담하고 솔직한 보수주의자인 클래런던(영국의 정치가, 역사가. 1609~1674)의 말을 들어보면, '익

---

[22] *History of the French Revolution*, III.iii, ch. 1.
[23] Lenin, *Selected Works*, vii, p.295.

명의 천한 사람들'²⁴이라는 의미가 되어버린다. 이 수백만의 익명의 사람들이야말로 많건 적건 무의식적인 협력으로 통합된 사회적 힘을 이루고 있는 여러 명의 개인이었던 것이다.

보통의 경우에, 역사가는 불만을 품은 한 농부나 한 마을에 관해서 알 필요가 없다. 그러나 수천 마을의 수백만 명의 농부가 불만을 품으면 이것은 어떤 역사가도 무시할 수 없는 하나의 요소가 된다.

존스가 결혼을 망설인 이유는, 그것이 존스와 같은 세대의 수천 명에게 결혼을 망설이게 하고, 따라서 결혼율의 급격한 저하라도 보여주지 않는 한 역사가는 관심을 두지 않는다. 그러나 그런 이유로 인해 결혼율이 저하되는 경우, 당연한 일이지만, 그 이유는 역사적으로 중요한 사실이 될 것이다.

또한 운동은 소수자로부터 시작되는 것이라고 아는 체하며 주장하는 사람이 있더라도 우리는 전혀 당황할 필요가 없다. 모든 효과적인 운동에는 소수의 지도자와 다수의 추종자가 있는 법이지만, 이것은 다수자가 운동의 성공을 위해 중요하지 않다는 것을 의미하지는 않는다. 역사에서 수는 중요하다.

나의 두 번째 고찰은 이미 잘 입증되었다. 다른 많은 사상적 경향의 저술가들도 모두 다 개별적인 인간의 행위는 행위자나 다른 모든 개인이 의도하지도 않고 바라지도 않은 결과가 되는 수도 있다고 주장해 왔다.

기독교인들은 개인이 의식적으로는 흔히 자신의 이기적인 목적에 의해 행동하면서도 무의식적으로는 신의 목적을 위해서 일한다고 믿고 있다. 맨더빌이 "개인의 악덕은 사회의 복지이다."라고 한 것은, 일찍이 이 진리를 일부러 역설적으로

---

24 Clarendon, *A Brief View & Survey of the Dangerous & Pernicious Errors to Church & State in Mr. Hobbes, Book entitled Leviathan*(1676), p.320.

표현한 것이다.

군이 인용할 필요도 없을 정도로 유명하지만, 아담 스미스의 '보이지 않는 손'과 헤겔의 '이성(理性)의 간계'는, 비록 개인 자신은 스스로의 욕망을 채운다고 믿고 있지만 그 개인을 자기를 위해서 일하게 하고 자기의 목적에 맞게 쓴다는 것이다.

마르크스는 《경제학 비판》의 서문에서 "인간은 생산수단의 사회적 생산에 있어서 스스로의 의지와는 별개의 일정하고 필연적인 관계 속으로 끌려 들어간다."고 말했다. 또한 톨스토이는 《전쟁과 평화》에서 아담 스미스를 본떠 이렇게 말했다. "인간은 의식적으로는 자기 자신을 위해서 살면서 인류의 역사적이고 보편적인 목적을 이루기 위한 도구로 쓰이고 있다."[25]

이제 이 명구집(名句集)도 너무 길어졌으니 버터필드 교수에게 마무리를 부탁해야겠다.

"역사적 사건에는 역사의 진로를 사람들이 의도하지 않은 방향으로 돌리는 성질이 있다."[26]

1914년 이전 백 년 동안에는 작은 지역전쟁이 있었을 뿐이었는데, 1914년 이후에는 두 차례의 세계대전을 겪었다.

19세기의 마지막 75년 동안에 비해 20세기 전반에는 전쟁을 원하는 개인이 많았다거나 평화를 바라는 개인이 적었다고 주장하는 것이 이 사실을 설명하는 데 그다지 설득력이 없다.

1930년대의 대경제공황을 어느 한 개인이 획책했다든가 원했다는 것은 생각할 수 없는 일이다. 그러나 그것이 여러 명의 개인의(그 개개인은 의식적으로 무언가 전

---

25 L. Tolstoy, *War and Peace*, ix, ch. 1.
26 H. Butterfield, *The Englishman and his History*(1944), p.103.

혀 다른 목적을 추구하고 가졌었지만) 행위에 의해서 일어났다는 것은 분명하다. 또한 개인의 의도와 그 행위의 결과가 빗나간다는 진단은, 과거를 대상으로 하는 역사가에 국한된 것이 아니다. 1917년 로지(Lodge ; 미국의 정치가. 1850~1924)는 우드로 윌슨(Woodrow Wilson)에 대해서 이렇게 말했다. "그는 개입할 생각이 없지만, 사건에 말려들게 될 것같이 보인다."[27]

역사가 '인간의 의도에 대한 설명'[28]이나 행위자 자신들에 의해 주어진 동기에 대한 설명을 기초로, 다시 말해 행위자가 '왜 그들 자신의 판단으로 이와 같은 행위를 했는가' 하는 동기를 바탕으로 씌어질 수 있다고 주장하는 것은, 모든 사실을 무시하는 것이다.

역사상의 사실은 분명 여러 개인에 관한 사실이지만, 고립된 개인의 행위에 관한 사실도 아니고, 진실이건 가공이건 여러 개인이 스스로 행위의 동기라고 부른 것에 관한 사실도 아니다. 그것은 사회 속에서의 여러 개인의 상호작용에 대한 사실이며, 또한 여러 개인의 행위로부터 그들 자신이 의도한 결과와는 다른, 때로는 반대의 결과마저 낳는 사회적인 여러 힘에 관한 사실인 것이다.

지난번 강연에서 언급했던 콜링우드 역사관의 가장 중대한 오류는 행위의 배후에 놓인 사상이(이것을 규명하는 것이 역사가의 임무이다) 행위하는 개인의 사상이라고 가정한 것이다. 이것은 잘못된 가정이다. 역사가가 연구해야 할 것은 행위의 배후에 숨어 있는 것이지만, 그것은 행위하는 개인의 의식적인 사상이나 동기와는 전혀 관련이 없을 수도 있다.

이쯤에서 역사상의 반역자 혹은 이단자의 역할에 대한 것을 말하고자 한다. 사

---

[27] B.W. Tuchman, *The Zimmermann Telegram*(N.Y., 1958), p.180에서 인용
[28] 이 말은 I. Berlin, *Historical Inevitability*(1954) p.7에서 인용한 것인데, 이러한 관점에서 역사를 쓸 것이 권해지고 있다.

회에 반항하는 개인의 통속적인 모습을 설정하는 것은 사회와 개인 사이에 잘못된 대립을 다시 도입하게 된다. 어떤 사회든 완전히 같을 수는 없다. 모든 사회는 사회적 투쟁의 무대이며, 기성 권위에 반발하고 있는 개인도, 그 권위를 지지하는 개인과 마찬가지로 그 사회의 산물이자 반영인 것이다.

리처드 2세나 예카테리나 여제(女帝)는 각각 14세기 영국과 18세기 러시아의 강력한 사회적인 힘을 반영하였지만, 타일러나 농노(農奴)의 반란 지도자인 푸가초프도 또한 마찬가지이다. 군주나 반역자나 똑같이 그 시대 및 나라의 특수한 요건의 산물인 것이다.

타일러나 푸가초프를 사회에 반항하는 개인으로서 묘사하는 것은 잘못된 단순화(單純化)이다. 만일 그들이 그런 개인적인 인물에 지나지 않는다면, 그들의 이야기가 역사가에게 전해졌을 리가 없다. 그들의 역사상 역할은 추종하는 대중이 있었던 덕택이며, 그들은 하나의 사회현상으로서 중요하지, 그렇지 않다면 문제가 되지 않는 것이다.

혹은 보다 미묘한 차원에서 뛰어난 반역자이자 개인주의자인 사람을 예로 들어 보자. 그 시대, 그 나라에 니체보다 더 급진적으로 반항한 사람은 없었을 것이다.

그러나 니체는 유럽 사회, 특히 독일 사회의 직접적 산물이었고, 중국이나 페루에서는 나타날 수조차 없는 인물이었다. 니체라는 개인이 스스로 표현하던 사회적인 힘이 얼마나 유럽적이었던가, 특히 독일적이었던가 하는 것은 니체와 동시대인들보다 그 사후의 세대에 이르러서 더욱 뚜렷해졌다. 따라서 니체는 그 당시의 세대보다 그 뒤의 세대에게 중요한 인물이 되었던 것이다.

역사에 있어서 반역자의 역할은 위인의 역할과 비슷하다. 역사상의 위인설(엘리자베스 여왕은 착한 여왕이라는 학파가 그 좋은 예이다)도 최근에는 지나간 유행이 되었지만, 그래도 아직은 가끔 그 보기 싫은 머리를 쳐들고 있다.

제2차 세계대전 이후에 시작된 어느 대중적인 역사 교과서 시리즈의 편집자는 '중요한 역사상의 주제를 위인전을 쓰는 방법으로 시작할 것'을 집필자에게 요구하였다.

테일러(A. J. P. Taylor ; 영국의 역사가. 1906~)는 한 짧은 글에서 "근대 유럽의 역사는 세 거인, 즉 나폴레옹, 비스마르크, 레닌을 통해서 쓸 수 있다."[29]고 말했다. 물론 그도 '보다 진지한 논문'에서는 이런 무모한 계획을 시도하지는 않았다.

역사에서의 위인의 역할은 무엇인가? 위인도 한 개인이기는 하지만, 탁월한 개인이므로 동시에 탁월한 중요성을 가진 사회현상이라고 할 수 있다. 기번은 말했다. "시대가 뛰어난 인물에 맞아야만 한다는 것, 즉 크롬웰이나 레츠(Retz ; 프랑스의 정치가. 1613~1679) 같은 천재도 오늘날이었다면 어둠 속으로 사라졌을 것이라는 것은 명백한 진리이다."[30]

마르크스는 《루이 보나파르트의 브뤼메르 18일》에서 이와는 반대되는 현상에 다음과 같은 진단을 내렸다.

"프랑스에서의 계급투쟁은 형편없는 인간들이 마치 영웅이나 된 듯이 뻐기고 돌아다닐 수 있는 환경과 관계를 만들었다."

비스마르크가 18세기에 태어났더라면(이것은 어리석은 가정이다. 그때는 비스마르크가 아니었을 테니까) 독일을 통일하지도 못했을 것이고, 또 위인도 되지 못했을 것이다. 그러나 톨스토이처럼 위인을 '사건들에 이름을 붙이는 상표'에 불과하다고 비난할 필요는 없다고 생각한다.

---

29 A.J.P. Taylor, *From Napoleon to Stalin*(1950), p.74.
30 Gibbon, *Decline and Fall of the Roman Empire*, ch. 1xx.

물론 위인 숭배에 불길한 함축이 있는 수도 있다. 니체의 초인(超人)은 불쾌한 인물이다. 히틀러의 경우나 소련의 '개인 숭배'의 무서운 결과는 새삼스럽게 상기할 필요도 없다.

그러나 위인의 위대함을 훼손하는 것이 나의 의도도 아니고, '위인은 거의 예외없이 악인'이라는 주장에 동조할 생각도 없다. 내가 공격하고 싶은 것은 위인을 역사 밖에 두고, 어디선가 홀연히 나타나서 그 위대함의 힘으로 스스로를 역사에 강요한다는 견해, "요술상자처럼 위인이 미지의 장소에서 기적같이 나타나 역사의 진실한 연속성을 중단시켜 버린다."[31]는 견해, 바로 그것이다.

오늘날에도 나는 다음과 같은 헤겔의 고전적인 서술보다 더 완벽한 것은 없다고 생각한다.

"어떤 시대의 위인은 그 시대의 의지를 표현하고, 시대의 의지를 그 시대에 알려서 그것을 실행하는 사람이다. 그의 행위는 그의 시대의 핵심이자 본질이다. 그는 그의 시대를 실현한다."[32]

리비스(Leavis ; 영국의 평론가. 1895~1978) 박사가 위대한 저술가는 "인간의 자각을 촉진시킨다는 점에서 중요하다."[33]고 말했지만, 이것도 같은 의미이다. 위인은 현존하는 여러 힘의 대표자이거나, 아니면 항상 그 자신이 기성 권위에 도전하는 방법으로 창조를 돕고자 하는 여러 힘의 대표자인 것이다.

그러나 나폴레옹이나 비스마르크같이 기존 세력을 배경으로 위대해진 사람보다는 크롬웰이나 레닌처럼 자기들을 위대하게 한 여러 힘, 그 자체의 창조를 도운 위인에게서 더 높은 창조성을 발견할 수 있을 것이다. 또한 자기 시대보다 지나치게 앞서 있었기 때문에 후대에 이르러서야 겨우 그 위대함이 알려지게 된 위

---

[31] V.G. Childe, *History*(1947), p.43.
[32] *Philosophy of Right*(English. transl., 1942), p.295.
[33] F.R. Leavis, *The Great Tradition*(1948), p.2.

인들도 잊어서는 안 된다.

위인이란 역사적 과정의 산물이면서 대행자이고, 동시에 세계의 양상과 인간의 사상을 바꾸는 사회적 여러 힘의 대표자이며 창조자인 뛰어난 개인임을 인정하는 것은 중요한 일이다.

따라서 역사란 이 말의 두 가지 의미에서(역사가가 하는 연구라는 의미이건, 역사가가 연구하는 과거의 사실이라는 의미이건) 하나의 사회과정이며, 개인은 사회적 존재로서 이 과정에 참여하는 것이다.

사회와 개인 사이의 상상적인 대립은 우리의 생각을 혼란시키기 위한 함정일 뿐이다. 역사가와 사실 사이의 상호작용이라는 과정은(이것은 앞에서 현재와 과거의 대화라고 부른 것이다) 추상적이고 고립된 개인과 개인의 대화가 아니라, 오늘의 사회와 어제의 사회 사이의 대화인 것이다. 부르크하르트의 말을 빌리면 '역사는 한 시대가 다른 시대 속에서 주목할 만하다고 생각한 일들의 기록'[34]이다.

과거는 현재에 비추어볼 때 비로소 이해할 수 있고, 현재는 과거에 비추어볼 때 비로소 완전히 이해할 수 있는 것이다.

역사의 이중 기능이야말로 인간으로 하여금 과거의 사회를 이해시키고, 현재의 사회에 대한 인간의 지배력을 강화하는 것이다.

---

[34] J.Burckhardt, *Judgements on History and Historians*(1959), p.158.

3장 역사와 과학과 도덕

아주 어린 시절, 나는 겉모양과는 달리 고래는 물고기가 아니라는 것을 배우고 강한 인상을 받은 일이 있다. 그러나 요즈음에는 이런 분류의 문제가 별로 대단한 것이 아니다. 따라서 역사는 과학이 아니라는 말을 들어도 그다지 마음에 걸리지 않는다.

이런 용어상의 문제는 영어 특유의 현상이다. 다른 모든 유럽어에서는 '과학(science)'에 해당하는 단어마다 예외없이 역사라는 의미가 포함되어 있다.

그런데 영어 사용권에서는 이 문제가 긴 역사를 가지고 있으므로, 이것이 불러일으킨 쟁점은 역사에 있어서 여러 방법의 문제에 대한 아주 편리한 서론이 된다.

18세기 말, 과학은 세계에 관한 인간의 지식과 인간 자신의 생리적 성질에 관한 지식에 대해서도 당당한 공헌을 했지만, 이 시기에 과학이 과연 사회에 관한 인간의 지식까지도 진보시킬 수 있는가 하는 문제가 제기되기 시작했던 것이다.

사회과학이라는 개념, 그리고 사회과학의 하나로서의 역사라는 개념은 19세기를 통해서 차츰 발전되었다. 자연의 세계를 연구하는 과학 방법이 인간 현상의 연구에도 적용되었다.

1851년에 간행된 《사회 정역학》이라는 스펜서(Herbert Spencer)가 쓴 책의 제목은 지금도 기억하고 있다. 이런 전통 속에서 성장한 러셀(Bertrand Russell)은 후에 '기계수학만큼 정밀한 인간 행동의 수학'[1]이 생길 것이라고 기대했던 시대를 회상하였다.

그 후 다윈이 또 하나의 과학적인 혁명을 이룩하고, 사회과학자들은 생물학에서 힌트를 얻어 사회를 하나의 유기체(有機體)로 생각하기 시작했다. 그러나 다윈 혁명의 진정한 의의는, 다윈이 역사를 과학으로 만들어 라이엘(Lyell ; 영국의 지질학자. 1797~1875)이 이미 지질학에서 시작했던 것을 완성했다는 점에 있었던 것이다.

과학은 이미 정적(靜的)인 것, 무시간적(無時間的)인 것을 다루기보다[2] 변화와 발전의 과정을 다루게 되었다. 과학에 있어서의 진화가 역사에 있어서의 진보를 확인하고 아울러 보충했던 것이다.

그러나 내가 첫번째 강연에서 말한 것처럼 역사의 방법에 관해 먼저 사실을 수집하고 다음에 그것을 해석하는 귀납적(歸納的)인 견해를 바꿀 만한 일은 하나도 일어나지 않았다. 이것 역시 과학의 방법이 이의없이 전제되어 있었던 것이다.

베리는 1903년 1월의 취임 연설에서 '역사는 하나의 과학이며, 그 이상도 그 이하도 아니다.'라고 결론을 내렸지만, 이때 그의 심중에 있었던 것은 틀림없이 위와 같은 생각이었다.

그런데 베리의 취임 연설이 있은 후 50년 동안 이런 역사관에 대해 강력한 반발이 일어났다. 1930년대에 저술활동을 한 콜링우드는, 과학적 연구의 대상인 자연의 세계와 역사의 세계를 분명히 구분하기 위해 특히 더 애썼다. 그리고 이 시기를 통하여 베리의 말은 농담할 때 외에는 거의 인용되지 않게 되었다.

---

[1] B. Russell, *Portraits from Memory* (1958), p.20.
[2] 그 후 브래들리는 1874년에 이르러 무시간적이고 영속적인 것을 다루는 과학을 역사로부터 구별했다(F.H.Bradley, *Collected Essays*, 1935, i, p.36.).

그러나 당시의 역사가들은 거의 유의하지 못했지만, 과학 자체에도 심각한 혁명이 진행되었다. 따라서 비록 그 견해가 틀렸더라도 우리가 생각한 것보다 베리가 훨씬 옳았던 것 같다.

라이엘이 지질학에서, 그리고 다윈이 생물학에서 행한 것이 이제 천문학에서 이루어졌으며, 천문학은 오늘날에 이르는 우주 발달의 경위를 연구하는 과학이 되었다. 그리고 현대의 물리학자들은 자기들이 연구하는 것은 사실이 아니라 사건이라고 우리에게 말하고 있다.

역사가들이 백 년 전에 비해 오늘날 과학의 세계에서 편안한 느낌을 갖게 된 것은 당연한 이야기이다.

우선 법칙이라는 개념을 살펴보자.

18세기 및 19세기를 통해 과학자들은 자연의 여러 법칙(뉴턴의 운동법칙과 인력법칙, 보일의 법칙, 진화의 법칙 등)이 발견되어 결정적으로 증명되었다고 생각했으며, 또 관찰된 사실로부터 이런 법칙을 귀납적으로 더 많이 발견하고 증명하는 것이 과학자의 일이라고 믿었다. '법칙'이라는 말은 영광의 구름에 둘러싸여 갈릴레이와 뉴턴 등으로부터 나온 것이다.

의식적이든 무의식적이든 사회 연구자들은 자기들의 연구가 과학적 지위를 가졌다고 주장하고자 했으므로, 과학계와 같은 용어를 택하고 스스로 그들과 같은 방법을 사용한다고 생각했다. 경제학자는 그레셤의 법칙이나 아담 스미스의 시장(市場)의 법칙 등에 의해 이 방면의 선두를 끊은 것 같다. 버크(Burke ; 영국의 정치가, 저술가. 1729~1797)는 '자연의 법칙이며, 따라서 신의 법칙인 상업의 법칙'[3]을 내세웠다. 맬서스는 인구의 법칙을 제시했으며, 라살은 임금(賃金)의 철

---

[3] *Thoughts and Details on Scarcity*(1795) in *The Works of Edmund Burke*(1846), iv, p.270. 버크는 "가난한 사람에게는 얼마 동안 제공하지 않는 것이 신의(神意)에 맞는 그런 필수품을 그들에게 공급하는 것은 정부나 부유한 인간들의 본래 권한 속에 없는 것."이라고 덧붙였다.

칙을 제시하고, 마르크스는 《자본론》의 서문에서 '근대 사회의 경제적 운동법칙'을 발견했다고 주장하였다.

《문명사(文明史)》의 결말에서 버클(Buckle ; 영국의 역사가. 1821~1862)은, 인간사의 과정은 '보편적이고 예외없는 규칙성이라는 하나의 영광스런 원리에 의해서 일관되어 있다.'는 확신을 표명했다.

오늘날 이런 말은 진부하고 또 오만스럽게 들린다. 더욱이 자연과학자들의 경우와 마찬가지로 사회과학자들에게도 진부한 것으로 생각된다.

베리의 취임 연설보다 1년 앞서서, 프랑스의 수학자 앙리 푸앵카레가 《과학과 가설》이라는 소책자를 간행하여 과학사상에 있어서의 혁명을 개시했다. 그의 주된 논지는, 과학자가 만드는 일반적 명제〔그것이 단순한 정의(定義)가 아니고 또 용어 사용에 관한 규약을 위장한 것도 아닐 경우〕는 더 진보한 사고를 만들고 조직하기 위해서 짜맞춘 가설이며, 그것은 증명과 변명과 반박을 받게 마련이라는 것이었다.

오늘날에는 이런 것이 상식이 되었다. "나는 가설을 만들지 않는다."는 뉴턴의 말도 지금은 공허하게 들린다. 하기야 과학자나, 심지어는 사회과학자까지도 아직 이따금 법칙이라는 말을 쓰고 있지만, 그것은 말하자면 '옛 친구' 같은 것으로서, 과학자들이 보편적으로 법칙을 믿었던 18세기나 19세기와 달리 그런 뜻으로는 이제 아무도 법칙의 존재를 믿지 않는다.

널리 알려진 것처럼, 과학자들이 발견을 하고 새로운 지식을 얻어내더라도 그것은 엄밀하고 포괄적 법칙을 세우는 것이 아니라 새로운 연구에 대한 길을 개척하는 가설을 제시함으로써 뜻을 이루는 것이다.

미국의 두 철학자가 과학적 방법에 대해 쓴 표준적인 교과서에는, 과학의 방법은 '본질적으로 순환적'이라고 설명되어 있다.

"경험적 자료, 곧 '사실'이라 일컬어지는 것에 호소함으로써 원리를 위한 증거를 얻고, 이 원리를 기초로 경험적 자료를 선택하고 분석하고 해석한다."[4]

'순환적'이라는 말보다는 '상호적'이라는 말이 더 나을 것 같다. 그 결과가 같은 곳으로 되돌아가는 것이 아니라 원리와 사실, 또는 이론과 실제 사이의 이 상호작용 과정을 통해 새로운 발견으로 전진하기 때문이다.

모든 사고는 관찰에 의한 어떤 종류의 전제(前提)를 인정하지 않으면 안 되는 것이며, 이 전제는 과학적 사고를 가능하게 하는 동시에 이 사고에 비추어서 수정되는 것이다.

이런 가설은 어떤 문맥(文脈) 또는 목적에는 타당하다고 할 수 있지만, 문맥이나 목적이 달라지면 무효가 된다. 어떤 경우이든 이런 가설이 실제로 새로운 통찰의 촉진과 우리의 지식 증대에 효과가 있는가의 여부를 경험적으로 테스트하는 것이다.

러더퍼드(Rutherford)의 가장 뛰어난 제자이며 협력자의 한 사람이 최근 러더퍼드의 방법에 대해 "그는 핵 현상의 움직임을 알고자 하는 강렬한 충동을 느꼈는데, 그것은 마치 누군가 부엌에서 일어나는 일을 안다고 말할 수 있는 것과 같은 의미에서였다. 그가 어떤 기본 법칙을 이용한 이론이라는 구식 방법으로 설명을 하려 했다고는 생각하지 않는다. 그는 무엇이 일어나고 있는지 아는 동안은 만족해했다."[5] 하고 말했다.

이런 설명은 기본 법칙의 탐구를 포기하고, 사물의 움직임을 조사하는 것으로 만족하고 있는 역사가에게도 마찬가지로 해당하는 것이다.

역사가가 연구과정에서 사용하는 가설의 지위는, 과학자가 사용하는 가설의

---

[4] M.R. Cohen and E. Nagel, *Introduction to Logic and Scientific Method*(1934), p.596.
[5] Sir Charles Ellis in *Trinity Review*(Cambridge, Lent Term, 1960), p.14.

지위와 매우 흡사한 듯하다.

예를 들어서, 프로테스탄티즘과 자본주의의 관계에 대한 막스 베버(Max Weber)의 유명한 진단을 살펴보자. 그전 같으면 그것을 법칙이라고 불렀을 테지만, 오늘날에는 아무도 그것을 법칙이라고 부르지는 않는다.

이것은 하나의 가설이고, 이것에 자극되어 연구가 진행되는 동안 어느 정도 수정되기는 했지만, 그것이 위에서 말한 두 운동에 대한 우리의 이해를 넓혀주었음은 의심의 여지가 없다.

또는 마르크스의 주장을 들어보자. "맷돌은 우리에게 봉건 영주의 사회를 주고, 증기 제분기는 산업 자본가의 사회를 성립시킨다."[6] 아마도 마르크스는 이것을 법칙이라 주장했겠지만, 오늘날의 용어로 이것은 법칙이 아니라 연구를 활성화시키거나 새로운 이해에 이르는 길을 제시하는 유효한 가설일 뿐이다.

이런 가설은 사고의 필수 불가결한 도구이다. 1900년대 초기의 유명한 독일 경제학자 베르너 좀바르트(Werner Sombart)는, 마르크스주의를 포기한 사람들이 겪는 '불안감'을 이렇게 고백하였다.

"지금까지 착잡한 현실 속에서 우리를 인도한 편안한 공식을 상실할 때, 새로운 발판을 발견하거나 수영을 배울 때까지 우리는 마치 사실의 바다에 빠진 것과 같다."[7]

역사상의 시대 구분에 대한 논쟁도 이런 범주에 속한다. 역사에서의 시대 구분은 사실이라기보다 필요한 가설이나 사상의 도구이며, 그 가설은 역사 해명에 도움이 될 때만 유효한 것으로서, 그 유효성은 해석 여하에 달려 있는 것이다. 중세가 끝나는 시기에 대해 의견을 달리하는 역사가들은 어떤 사건의 해석에서도 이

---

[6] *Marx-Engels : Gesamtausgabe*, l, vi, p.179.
[7] W. Sombart, *The Quintessence of Capitalism*(Engl. transl., 1915), p.354.

견을 가질 것이다.

이 문제는 사실의 문제가 아니다. 그렇다고 해서 무의미한 것도 아니다. 마찬가지로 역사를 지역에 따라 구분하는 것 역시 사실이 아니라 가설이다. 유럽 역사를 문제로 삼는 것이 어떤 맥락에서는 유효하고 유익한 가설이겠지만, 다른 맥락에서는 오해를 불러일으키는 해로운 것이 될 수도 있다. 대개의 역사가는 러시아를 유럽의 일부로 생각하지만, 어떤 사람들은 강력하게 이에 반대한다.

역사가의 경향은 그가 채택하는 가설로 판단할 수 있다.

이쯤에서 나는 사회과학의 방법에 대한 일반적인 발언 중의 하나를 인용하지 않을 수 없다. 이 발언은 자연과학자 출신의 위대한 사회과학자가 한 말이기 때문이다.

조르주 소렐(Georges Sorel ; 프랑스의 사회주의자. 1847~1922)은 40대에 이르러 사회문제에 대한 글을 쓰기 시작하기 전까지는 엔지니어로서 활동한 사람이지만, 어떤 상황에서는 지나친 단순화의 위험을 무릅쓰고 특수한 요소를 분리시킬 필요가 있다고 역설하였다. 그는 이렇게 말했다.

"우리는 자신의 방법을 의식하면서 전진해야만 한다. 우리는 개연적이고 부분적인 가설을 엄밀히 검토하여, 언제나 앞으로 고쳐야 할 여지가 남는 잠정적 근사치로 만족해야 한다."[8]

이것은 과학자들이나 액턴 같은 역사가가 잘 증명된 확실한 사실의 수집을 통해 모든 논쟁점을 한번에 해결할 수 있는 확고한 지식을 완성하기를 바라던 19세기와는 거리가 먼 외침이다. 오늘날의 과학자나 역사가는 하나의 단편적인 가설에서 또 다른 단편적 가설로 차츰 다가가, 해석을 매개로 사실을 분리하고, 해석을 사실에 의해 검토한다는 훨씬 겸허한 희망을 갖고 있을 뿐이다.

---

[8] G. Sorel, *Matériaux d'une théorie du Prolétariat*(1919), p.7.

과학자의 연구방법과 역사가의 연구방법에 근본적인 차이는 없는 것 같다. 첫 번째 강연 때 나는 "역사란 결코 사실이 아니라 공인된 판단의 체계이다."라는 배러클로프 교수의 말을 인용했었다. 이번 강연을 준비하고 있을 때 나는 케임브리지 대학 출신의 한 물리학자가 B. B. C. 방송에서, 과학적 진리란 '전문가들 사이에 공공연히 인정되고 있는 명제(命題)'[9]라고 정의 내리는 것을 보았다.

이런 공식은(그 이유는 객관성 문제를 논할 때 밝히겠지만) 어느 것이나 전적으로 만족스럽지는 않다. 그러나 역사가와 물리학자가 제각기 같은 문제를 거의 똑같은 말로 설명하고 있다는 것은 놀라운 사실이었다.

그러나 주의 깊지 못한 사람에게는 유추(類推)라는 것이 위험한 함정이라는 것은 잘 알려진 사실이다. 따라서 다음과 같은 논점을 신중하게 검토하기로 한다.

이 논점에 의하면, 수학과 자연과학, 또는 자연과학의 각 분과 사이에도 커다란 괴리가 있는 것처럼 과학과 역사 사이에도 근본적인 구별이 있다. 그리고 이러한 구분으로 말미암아 역사를(역사뿐 아니라 아마 다른 사회과학도 마찬가지이겠지만) 과학이라는 이름으로 부르는 것은 오해를 낳게 된다는 것이다.

설득력에는 차이가 있지만, 이런 반대를 요약하면 다음과 같다.

① 역사는 주로 특수한 것을, 과학은 주로 일반적인 것을 다룬다.
② 역사는 아무런 교훈도 주지 않는다.
③ 역사는 예언하지 못한다.
④ 역사는 인간이 스스로를 관찰하는 것이므로 주관적으로 흐르는 것이 필연적이다.
⑤ 역사는 과학과 달리 종교와 도덕의 문제를 내포한다.

---

[9] Dr. J. Ziman in The Listener, 18 August 1960.

나는 이와 같은 논점을 하나씩 차례로 음미해 보고자 한다.

첫째, 역사는 특수하고 개발적인 것을 다루며 과학은 일반적이고 보편적인 것을 다룬다고 주장된다.

이런 견해는 아리스토텔레스로부터 비롯되었다고 할 수 있다. 그는 역사에 비하면 시(詩)가 '더욱 철학적'이고 '더욱 진지'한데, 그 이유는 시가 일반적 진리를 문제로 하고, 역사는 개별적 진리를 문제로 하기 때문이라고 말하고 있으니 말이다.[10]

후대에 와서 콜링우드[11]를 포함한 많은 저술가들도 역시 과학과 역사를 구별하였다. 그러나 이것은 오해에 바탕을 두는 것 같다.

다음과 같은 홉스의 유명한 말은 아직도 빛을 잃지 않고 있다.

"이 세계에는 명칭을 제외하고는 보편적인 것이라고는 하나도 없다. 같은 명칭이 주어져 있는 많은 사물도 그 하나하나는 개별적이고 독특한 것이다."[12]

이 말은 분명히 자연과학에도 해당된다. 지질학상의 두 지층이나, 같은 종류의 두 마리 동물이나, 두 개의 원자가 완전히 같을 수는 없다. 마찬가지로 두 가지 역사적 사건이 동일할 수도 없는 것이다.

그러나 역사적 사건에 있어 특수성을 고집하는 것은, 무어(Moore ; 영국의 철학자. 1873~1958)가 버틀러(영국의 신학자. 1692~1752)에게서 계승했으며, 동시에 언어철학자들에 의해 애용된 "모든 사물은 있는 그대로의 것일 뿐 다른 것이 아니다."라는 진부한 말과 같은 마비적인 효과를 가지고 있다. 이런 방향으로 나아간다면 곧 일종의 철학적 열반(涅槃)의 경지에 도달하게 되어 무슨 일에 대해서나

---

10 Poetics, ch. ix.
11 R.G. Collingwood, Historical Imagination(1935), p.5
12 Leviathan, I, iv.

의미있는 말을 할 수 없게 되고 만다.

과학자도 그렇지만, 역사가는 말을 사용한다는 점에서 일반화와 불가피하게 관련된다. 펠로폰네소스 전쟁과 제2차 세계대전은 매우 다르고, 각각 독자적인 것이다. 그러나 역사가는 둘 다 전쟁이라 부르며, 이에 반대하는 것은 오직 현학적인 사람들뿐일 것이다.

기번이 콘스탄티누스 대제에 의한 기독교의 공인과 회교의 발생을 혁명이라고 했을 때,[13] 그는 그 두 가지 독자적인 사건을 일반화한 것이다.

현대의 역사가가 영국, 프랑스, 러시아 및 중국의 혁명에 관해서 논할 때도 같은 일을 한다.

역사가가 참으로 관심을 갖는 것은, 특수한 것이 아니라 특수한 것 속에 있는 일반적인 것이다.

1920년대에 역사가들 사이에서 벌어진 1914년의 전쟁의 원인에 관한 논의는 여론의 눈을 피하여 비밀리에 활동한 외교관의 실책에 의한 것인가, 아니면 세계가 불행하게도 각각의 주권국가로 분리되어 있었기 때문인가 하는 견해로 나뉘는 것이 일반적이었다.

1930년대에는 그 전쟁은 자기들의 손으로 세계를 분할하려는 몰락기 자본주의의 충동에 쫓긴 제국주의 열강 사이의 적대관계 때문이라는 견해로 논의가 모아지게 되었다.

이런 모든 논의에는 전쟁의 원인, 최소한 20세기적 조건 아래서의 전쟁의 원인에 관한 일반화가 포함되어 있었다.

역사가는 증거를 시험하기 위해 끊임없이 일반화를 이용하는 법이다. 리처드 3세가 런던 탑에서 왕자들을 죽였는가 하는 문제에 대한 증거가 명확하지 않을 경

---

[13] *Decline and Fall of the Roman Empire*, ch. xx, ch 1.

우, 역사가는 왕위를 노릴 가능성이 있는 경쟁자를 제거하는 것이 당시의 지배자들의 습관이었는지 아니었는지를(의식적이라기보다 무의식적으로) 생각하게 될 것이다. 그리고 지극히 당연한 일이지만, 그의 판단은 이 일반화의 영향을 받을 것이다.

역사를 읽는 사람도 역사를 쓰는 사람과 마찬가지로 상습적으로 일반화를 하고 있는 것이며, 어떤 역사가가 행한 관찰을 자기와 친숙한 다른 역사적 맥락에 (아마도 자기 시대에) 적용해 보는 법이다. 칼라일의 《프랑스 혁명사》를 읽고 있을 때, 나는 자신이 그의 의견을 일반화하여 내가 특히 관심을 갖고 있는 러시아 혁명에 응용하고 있는 것을 몇 번이나 깨달은 적이 있다.

테러를 한 예로 들어보자.

"공정한 재판이 시행되던 나라에서는 놀랄 만한 일이지만, 그것이 없던 나라에서는 그다지 부자연스러운 일이 아니었다."

더욱더 의미심장한 것을 예로 들어보자.

"이 시대의 역사가 대부분 신경질적으로 서술된 것은, 매우 당연한 일이기는 하지만 불행한 일이다. 과장, 저주, 비탄이 도처에 흐르고, 전체적으로 보아 어둡다."[14]

이번에는 16세기의 근대국가 발달을 논한 부르크하르트의 말을 인용해 보겠다.

"최근에 등장한 강국일수록 정지해 있지 않은 법이다. 우선 그 나라를 세운 사람들은 급속한 전진의 습성이 붙었고, 또 본래 그들은 현재에나 미래에나 개혁가이기 때문이며, 둘째로 그들이 일으키거나 정복한 여러 힘은 또다른 폭력행위를 통해서만 발휘될 수 있기 때문이다."[15]

---

14 *History of the French Revolution*, I, v, ch. 9 ; III, i, ch 1.
15 J. Burckhardt, *Judgemements on History nd Historinas*(1959), p.34.

일반화가 역사와 거리가 멀다고 주장하는 것은 우스운 이야기이다. 역사는 일반화를 바탕으로 성장하는 것이다. 액턴이 신판 《케임브리지 근대사》의 한 권에서 요령 있게 말하고 있듯이 '역사가가 역사적 사실의 수집가와 구별되는 것은 일반화'[16]인 것이다.

그는 이와 같은 일반화가 자연과학자를 박물학자나 표본 수집가로부터 구별한다고 덧붙일 수도 있었을 것이다.

그러나 일반화라는 것은 개개의 사건이 조금의 여지도 없이 거기에 끼워지는 그런 무엇인가 커다란 역사의 테두리를 구성해도 좋다는 것을 뜻하지 않는다.

마르크스는 흔히 그런 테두리를 구성했거나 아니면 그것을 믿었다고 비난받는 사람이므로, 나는 그의 편지에서 이 문제를 올바르게 제시해 주는 하나의 문구를 요약해서 인용하기로 한다.

"놀랄 만큼 비슷한 사건이 다른 역사적 환경 속에서 일어났을 때, 거기서 전혀 다른 결과가 나온다. 사건 하나하나의 진행을 각각 연구한 다음 그것들을 서로 맞추어 비교해 보면, 이 현상을 이해하는 열쇠를 쉽게 찾을 수 있다. 그러나 역사 위에 초연히 서는 것이 최대의 장기인 것 같은 역사철학의 이론을 열쇠로 사용한다면 이러한 이해에는 도달하지 못할 것이다."[17]

역사는 특수성과 일반성의 관계에 관심을 둔다. 여러분이 역사가라면, 사실과 해석을 분리할 수 없듯 특수성과 일반성을 구별할 수 없을 것이고, 또한 어느 하나를 다른 하나의 우위에 놓을 수도 없을 것이다.

---

[16] *Cambridge Modern History*, ii(1958), p.20.
[17] *Mark and Engels*, Works(Russian ed.), xv. p.378. 이 문장을 발췌한 편지는 러시아 잡지 Otechestvennyz Zapiski(1877)에 실린 것이다. 포퍼 교수는 역사의 경향 또는 추세는 '보편적 법칙으로부터만 직접적으로 끌어내진다'는 믿음, 즉 그의 소위 '역사주의의 핵심적 오류'와 마르크스를 연관시키는 것 같은데(*The Poverty of Historicism*, 1957, pp.128~129.), 이것이야말로 마르크스가 부정한 것이다.

아무래도 여기서 역사와 사회학의 관계에 대해 약간 언급하는 것이 좋을 것 같다.

사회학은 지금 두 가지 상반되는 위험, 즉 초이론적(超理論的)이 될 위험과 초경험적(超經驗的)이 될 위험에 직면하고 있다.

첫째 위험은, 사회 일반에 관한 추상적이고 무의미한 일반화에 열중한다는 위험이다. 대문자 S로 시작되는 사회도 대문자 H로 시작되는 역사처럼 우리를 유혹하는 오류이다. 이 위험이 심각해진 것은 역사가 기록하는 특수한 사건의 일반화만을 사회학에 인정하는 사람들이기 때문이며, '법칙'을 갖는다는 점에서 사회학은 역사와 다르다는 말까지 나오고 있는 형편이다.[18]

또 하나의 위험은, 30년쯤 전에 카를 만하임(Karl Mannheim ; 독일의 사회학자. 1893~1947)이 예견한 것으로 오늘날 매우 널리 발견되는 것이지만, 사회학이 '사회적 재적응(再適應) 때의 몇 가지 분리된 기술적 여러 문제'[19]로 분해해 버리는 위험이다.

사회학은 여러 역사적 사회, 즉 각기 특수한 역사적 원인과 조건으로 만들어진 독특한 사회들을 다룬다. 그렇다고 계산이나 분석 같은 이른바 '기술적'인 문제에 국한함으로써 일반화와 해석을 피하려고 애쓴다면 정적(靜的)인 사회의 무의식적 옹호자가 되는 수밖에 없을 것이다.

사회학이 풍부한 연구 영역이 되려면, 역사와 마찬가지로 특수한 것과 일반적

---

[18] 이것이 포퍼 교수의 견해인 듯하다(The Open Society, 2nd ed., 1952, ii, p.322). 불행하게도 그는 하나의 사회학적 법칙의 예를 들고 있다. "사상의 자유, 사상 전달의 자유가 법적 제도에 의해서, 또한 토론의 공개성을 보장하는 제도에 의해서 효과적으로 지켜지는 곳에서는 과학이 발달할 것이다." 이 글은 1942년인가 1943년에 쓴 것으로, 서구 민주주의 국가는 그 제도적 조건 때문에 계속 과학적 진보의 선두에 설 것이라는 믿음에 의해 분명히 격려를 받았을 것이다. 그 뒤 이 믿음은 소련에 있어서의 발전으로 모습을 감추거나 몹시 악화되어 버렸다. 이것은 법칙은커녕 타당한 일반화도 아니었던 것이다.
[19] K. Mannheim, Ideology and Utopia(Engl. transl., 1936), p.228.

인 것의 관계를 다루지 않으면 안 된다.

그러나 사회학은 또한 동적(動的)인 것이 되어야 한다. 정지(靜止)한 사회(이런 사회는 존재하지 않으므로)에 대한 연구가 아니라 사회의 변화와 발전에 관한 연구가 되어야 하는 것이다.

그 다음에는 역사가 사회학적으로 되면 될수록, 또한 사회학이 역사적으로 되면 될수록 양쪽에 더 좋다는 것만을 말해 두겠다. 상호교류를 위해 양자 사이의 경계는 폭넓게 열어두기로 하자.

일반화 문제는 나의 두 번째 문제, 즉 역사의 교훈이라는 문제와 밀접하게 관련되어 있다. 일반화에 대한 진정한 문제점은, 우리가 일반화를 통하여 역사에서 배우려 하고, 어떤 일련의 사건으로부터 얻은 교훈을 다른 일련의 사건에 적용하려고 한다는 것이다. 말하자면, 우리는 일반화할 때 의식적이든 무의식적이든 이렇게 하려고 한다는 것이다.

일반화를 부정하고, 역사는 오직 특수한 것만 다룬다고 주장하는 사람들은 논리적으로 보면 역사에서 무엇인가를 배울 수 있다는 것을 부인하는 사람들이다. 그러나 인간이 역사에서 아무것도 배우지 못한다는 주장은, 명확한 많은 사실들에 의해서 반박되고 있다.

경험보다 더 일반적인 것은 없을 것이다. 나는 1919년에 영국 대표단의 하급단원으로 파리 강화회의에 참석하였다. 대표단의 모든 사람들은 백 년 전에 열렸던 유럽 최후의 대평화회의인 빈 회의에서 교훈을 얻을 수 있다고 믿었다.

당시 육군성에 근무하던 웹스터 장군은(현재는 탁월한 역사가인 찰스 웹스터 경) 한 편의 논문으로 그러한 교훈을 우리에게 가르쳐주었다.

나는 그 교훈 가운데 두 가지를 아직도 기억하고 있다. 첫째는, 유럽의 지도를 다시 그리는 데 있어서 민족자결의 원칙을 무시하는 것은 위험하다는 것이었다. 둘째는, 비밀문서를 휴지통에 버리는 것은 어느 다른 대표단의 정보요원이 반드시 비싼 돈으로 쓰레기를 사가기 때문에 위험하다는 것이었다.

이런 역사적 교훈은 복음(福音)으로 받아들여졌고 우리의 행동에 영향을 주었다.

이 예는 최근의 것으로 하찮은 것이다. 그러나 비교적 옛날의 역사 속에서 그보다 훨씬 먼 과거의 교훈이 남긴 영향을 발견하기는 쉬운 일이다.

고대 그리스가 로마에 준 충격은 모두가 다 알고 있다. 그러나 나는 로마인이 헬라스의 역사에서 배운, 또는 배웠다고 믿은 교훈을 정밀하게 분석하려 한 역사가가 있었는지 여부는 잘 알지 못한다. 17, 18, 19세기의 서유럽 사람들이 구약성서의 역사로부터 이끌어낸 교훈을 검토해 본다면 보람 있는 성과를 거둘 것이다. 그것을 빼놓고는 영국의 청교도 혁명을 이해할 수 없을 것이다. 선민사상(選民思想)은 근대 민족주의의 발흥에서 빼놓을 수 없는 중요한 요소였다. 고전적 교육의 각인(刻印)은 19세기 영국의 새로운 지배계급에 선명하게 찍혀 있었다.

이미 말한 바와 같이 그로트는 새로운 민주정치의 한 예로서 아테네를 지목했다. 그리고 나는 로마 제국의 역사가 의식적이든 무의식적이든 대영제국(大英帝國)의 건설자들에게 준 광범위하고 중요한 교훈에 대한 연구를 보고 싶다.

나 자신의 전문 분야에서는 러시아 혁명을 실현한 사람들이 프랑스 혁명과 1848년의 혁명과 1871년의 파리 코뮌의 교훈을 가슴 깊이 새기고 있었다. 아니, 사로잡혀 있었다고 하는 편이 옳을 것이다.

그러나 나는 여기서 역사의 이중성격에서 생기는 조건들을 재고해 보고자 한다. 역사로부터 배운다는 것은 결코 일방적인 과정일 수는 없다. 과거에 비추어 현재를 배운다는 것은 또한 현재에 비추어 과거를 배우는 것이기도 하다. 역사의 기능은 과거와 현재의 상호관계를 통해 양자를 더 깊게 이해시키려는 데 있는 것이다.

나의 세 번째 논점은 역사에서의 예언의 역할이다. 과학과 달리 역사란 장래를 예언할 수 없기 때문에 역사로부터는 어떤 교훈도 배울 수 없다고 흔히 말한다.

이 문제는 숱한 오해와 연루되어 있다. 앞에서도 말했듯이, 오늘날에는 자연 과학자들까지도 그전처럼 자연법칙을 열심히 말하지는 않는다. 우리의 일상생활과 관련된 이른바 과학법칙이라는 것이 실은 경향을 나타낸 것, 즉 다른 조건이 동일할 경우나 혹은 실험실적 조건 밑에서 어떤 일이 일어난 것인가를 표현한 것이다.

그것은 구체적인 경우에 어떤 일이 일어난다는 것을 예언하자는 것이 아니다. 인력(引力)의 법칙은 특정의 사과가 땅에 떨어질 것을 보장하지는 않는다. 누군가가 그 사과를 바구니로 받을 수도 있기 때문이다.

빛은 직진(直進)한다는 광학의 법칙은, 특정 광선이 어떤 방해물로 인해서 굴절하거나 분산하는 일이 없다는 것까지 보장하는 것은 아니다. 그렇다고 그것은 그런 법칙이 무가치하다든가, 원리적으로 확실치 않다는 것을 의미하지는 않는다.

현대의 물리학은 사건 발생의 개연성만을 다룬다고 한다. 오늘날의 과학은 차츰 귀납(歸納)이라는 논리적으로는 개연성이나 합리적인 확신 같은 것을 낳는 데 지나지 않는다고 기억하는 쪽으로 기울어지고 있고, 또 과학상의 명제를 특수한 행동에 의해서만 그 타당성이 입증되는 일반적인 규칙이나 지침으로서 취급하려 하고 있다.

콩트(Comte ; 프랑스의 철학자. 1798~1857)가 말한 것처럼 '과학에서 예견이 생기고, 예견에서 행동이 생기는 것'[20]이다. 역사에 있어서의 예언의 문제를 푸는 실마리는 일반적인 것과 특수한 것, 보편적인 것과 개별적인 것 사이의 이와 같

---

[20] *Cours de philosophie positive*, i, p.51.

은 관계 속에 있는 것이다.

이미 말했듯이, 역사가는 일반화를 하지 않을 수 없고, 일반화를 함으로써 그는 특수한 예언은 아니더라도 미래의 행동을 위한 타당하고 유효한 일반적인 지침을 제시하는 것이다.

그러나 역사가는 특수한 사건을 예견할 수는 없다. 특수한 것은 독자적인 것이고, 거기에는 우연의 요소가 개입하기 때문이다. 이런 구별은 철학자들을 괴롭게 하지만 보통 사람들에게는 아주 명백한 일이다.

어느 학교에서 두세 명의 아이가 홍역에 걸리면 그 전염병이 퍼지리라는 결론을 내릴 것이고, 만일 그것을 예언이라고 부르려 한다면 그 예언은 과거 경험에서부터의 일반화에 입각하는 것으로서 앞으로의 행동을 위해서 정당하고 유효한 지침이 된다. 그러나 홍역에 걸리는 것이 찰스나 메리일 것이라는 개별적 예언은 할 수 없다.

역사가도 같은 과정을 밟는다. 사람들은 역사가에게 다음달 루리타니아라는 나라에 혁명이 발생할 것이라는 예언을 기대하지 않는다.

역사가가 일부는 그 나라의 여러 사건에 관한 개별적인 지식에서, 그리고 일부는 역사의 연구에서 도출해 낸 결론은, 그 나라의 정세가 누구든지 건드리기만 하면, 또 정부측에서 그것을 막는 대책을 세우지 않으면, 가까운 장래에 혁명이 일어날 듯한 양상이라는 것이다. 이 결론은 예상을 수반하며, 그 예상은 한편으로는 다른 여러 혁명으로부터의 유추에 입각하고, 또 한편으로는 국민 각 계층이 취할 것으로 생각되는 태도로부터의 유추에 의한 것이다.

그것을 예언이라고 부를 수 있다면, 그 예언은 그 자체로서는 예측할 수 없는 개별적인 사건의 발생에 의해서만 실현될 수 있다.

그러나 이 말은 역사로부터 미래에 관한 추론을 끌어내는 것이 가치없는 일이 라든가, 이런 추론은 행동의 지침으로서나 시간을 이해하는 열쇠로서 어떤 조건

부의 타당성도 갖지 못한다는 뜻은 아니다.

나는 그 정확성이라는 점에 있어서 사회과학자나 역사가의 추론이 자연과학자의 추론에 필적한다든가, 또는 그런 점에서 사회과학자나 역사가가 뒤지는 것은 오로지 사회과학의 후진성 때문이라고 말하고 싶지는 않다.

인간은 어떤 관점에서 보든 우리가 아는 한 가장 복잡한 자연적 존재이므로, 아무래도 인간 행동의 연구에는 자연과학자가 직면하는 어려움과는 종류가 다른 어려움이 당연히 포함될 것이다.

내가 명백하게 하고자 하는 것은, 역사가와 자연과학자의 목적과 방법이 근본적으로 다르지 않다는 것이다.

나의 네 번째 논점은, 역사를 포함한 사회과학과 자연과학 사이에 한 줄의 경계선을 긋기 위한 더한층 유익한 논의를 제기한다.

이것은 사회과학에서 주체(主體)와 객체(客體)가 같은 범주에 속하여 상호작용한다는 논의이다. 인간은 자연적 존재 중에서 가장 복잡하고 가변적일 뿐 아니라, 다른 인간에 의해 연구되어야 하고 인간 이외의 독립된 관찰자에 의해서 관찰되는 것이 아니기 때문이다.

이렇게 되면 인간은 생물학의 경우처럼 자기 자신의 생리적 구조나, 생리적 반작용을 연구하는 것만으로는 만족하지 못한다. 사회학자, 경제학자, 역사가는 의지가 작용하는 인간 행동의 여러 형태를 꿰뚫어보고 그 연구 대상인 인간이 왜 그런 행동을 하려 했는지 밝혀야 할 필요가 생긴다. 따라서 관찰하는 것과 관찰되는 것 사이의, 역사와 사회과학에 특유한 관계가 성립되는 것이다.

역사가의 모든 관찰에는 불가피하게 역사가의 주관이 들어가게 마련이고, 역사에는 어디까지나 상대성이 따라다니는 법이다.

카를 만하임의 말을 빌린다면 '경험을 쌓고 모으고 정리하는 범주조차도 관찰자의 사회적 지위에 따라 달라지는 것'²¹이다. 그러나 사회과학자의 모든 관찰에는 반드시 그의 편견이 개재된다는 것만이 진리는 아니다.

또 하나의 진리는 관찰과정이 관찰되고 있는 것에 영향을 미치고 변화를 일으킨다는 사실이다. 그리고 이것은 두 가지의 상반되는 방법으로 일어날 수 있다.

인간의 행동이 분석이나 예측의 대상이 되어 있을 경우, 인간은 자신에게 불리한 결과의 예측에 의해 미리 경계할 것이고, 따라서 그것으로 자기의 행동을 바꾸어, 그 예측이 아무리 올바른 분석에 의거한다 하더라도 빗나가게 만들려고 할 것이다.

역사의식을 가진 사람들 사이에서 역사의 반복이 어려운 이유의 하나는, 두 번째 상연 때는 등장인물들이 첫번째 상연의 대단원을 알고 있으므로, 그들의 행동이 이 지식에 의해서 영향을 받는 것과 유사한 것이다.²²

볼셰비키는 프랑스 혁명이 그와 나폴레옹 같은 인물의 등장으로 끝난 것을 알고 있어서 자기들의 혁명이 그와 같은 결말에 이르지 않을까 두려워했다. 그래서 그들은 자기들의 지도자 중에서 나폴레옹을 가장 많이 닮은 트로츠키를 경계하고, 나폴레옹을 가장 닮지 않은 스탈린을 믿었다.

그런데 이런 과정은 반대 방향으로 행해지는 수도 있다. 경제학자는 현재의 경제 정세를 과학적으로 분석하여 다가오는 호경기나 불경기를 예측하지만, 그의 권위가 높고 그의 이론이 유력할 경우, 그가 예측했다는 사실 자체가 예측된 현상의 발생에 기여한다.

역사적 관찰을 바탕으로 독재정치의 수명이 짧다는 확신을 계속 지니는 정치학자는 독재자의 몰락을 돕게 될지도 모른다. 누구나 잘 아는 일이지만, 선거 때

---

21 K. Mannheim, *Ideology and Utopia*(1936), p.130.
22 이와 같은 논의는 *The Bolsheviki Revolution*, 1917~1923, i(1950), p.42에 전개되어 있다.

입후보자는 자기의 승리를 예언하게 마련이다. 그것은 예언의 실현을 쉽게 만들려는 의식적인 목적 때문이다. 경제학자, 정치학자, 역사가가 예언이라는 모험을 행할 때, 흔히 그들이 예언의 실현을 촉진하려는 무의식적 소망에 사로잡혀 있는 것이 아닌가 하는 의아심을 갖게 된다. 이런 복잡한 관계에 대해서 확언할 수 있는 것은, 관찰하는 자와 관찰되는 것, 사회과학자와 그의 자료, 역사가와 그의 사실 사이의 상호작용은 연속적인 것이며 부단히 변화하는 것이라는 것, 그리고 이 점이 역사 및 사회과학의 현저한 특성인 듯하다는 것이다.

여기서 요즘 일부 물리학자들이 물리적 우주와 역사가의 세계 사이의 현저한 유사점을 암시하는 것 같은 태도로 물리학에 대해 논하고 있음을 주의하지 않으면 안 될 것이다.

첫째, 그들의 연구 결과에는 불확실성 또는 불확정성의 원리가 포함되어 있다고 한다. 역사에 있어서의 이른바 결정론(決定論)의 본질과 그 한계에 대해서는 다음 강연에서 다룰 생각이다.

그러나 현대 물리학이 말하는 불확정성이 우주의 본질에 내재하는 것인지, 아니면 우주의 본질에 대한 우리의 이해력이 아직도 불충분하다는 증거인지는 확실치 않지만(이 점에 대해서는 아직도 논쟁 중이다), 몇 년 전 우주에서 자유 의지가 활동하고 있다는 증거를 불확정성에서 찾으려고 한 일부 광신자들의 시도에 사람들이 의혹을 느꼈던 것처럼, 나도 불확정성과 인간의 역사적 예언의 능력과 비슷한 의미가 있다는 데 대해서는 동일한 의혹을 느끼지 않을 수 없다.

둘째, 현대 물리학에서는 공간적인 거리나 시간적인 경과나 '관찰자'의 운동에 좌우되는 척도를 갖고 있다고 한다. 현대 물리학에서는 모든 측정은 '관찰자'와 관찰되고 있는 대상 사이에 항구적인 관계를 설정할 수 없으므로 본질적인 변동을 면할 수가 없다. '관찰자'도 관찰되는 사물도(주체도 객체도) 모두 관찰의 최종 결과에 속하게 되는 것이다.

　이 설명을 약간 바꾸면 역사가와 그 관찰 대상의 관계에 적용할 수 있지만, 이러한 관계의 본질이 진정한 의미에서 물리학자와 그 우주 사이의 관계의 성질과 비교될 수 있다는 사실은 나로서는 납득할 수가 없다.

　그리고 원칙적으로는 나도 역사가의 연구와 과학자의 연구간의 차이를 넓히기보다 줄이고자 하는 편이지만, 불완전한 유추에 의지하여 이런 차이를 호도하려고 하는 것은 무의미하다고 생각한다.

　사회과학자나 역사가들과 그 연구 대상의 관련은 자연과학자의 경우와는 종류가 다른 것으로서, 주관과 객관의 관계에서 생긴 문제는 훨씬 복잡하다고 해도 될 것 같지만, 이것으로 논의가 끝난 것은 아니다.

　17, 18, 19세기를 지배해 온 고전적인 인식론에서는 어느 경우에나 인식의 주관과 인식 대상은 명확한 이분법(二分法)이 전제되었다. 이 과정을 어떻게 생각하든 철학자들이 만들어낸 모델에서는 주관과 객관, 인간과 외계는 구분되고 분리되었다.

　당시는 과학이 성립하고 발전하는 위대한 시대였으며, 인식론은 과학의 선구자들의 견해로부터 강력한 영향을 받았다.

　인간은 외계와 날카롭게 대립하고 있었다. 인간은 외계를 감당하기 힘든 것, 적이 될지도 모르는 것으로 보고(감당하기 힘들다는 것은 이해하기 어려웠기 때문이고, 적이 될지도 모른다는 것은 지배하기 어려웠기 때문이다) 격투를 벌이고 있었다.

　현대과학의 성공과 함께 이런 견해는 근본적으로 달라졌다. 오늘날의 과학자들은 자연의 여러 힘을 싸움의 상대라고 생각하기보다는 협력의 상대자, 또는 자기 목적에 이용할 대상으로 생각하고 있다. 고전적인 인식론은 이미 요즘의 과학에는 부적합하며, 그중에서도 물리학에는 특히 더 맞지 않는다.

　지난 50년 동안 철학자들이 이러한 인식론을 의심하기 시작하여, 인식의 과정은 주관과 객관을 따로 세우는 것이 아니라 어느 정도까지 양자 사이의 상호관계와 상호의존을 포함하는 것이라고 인정하게 된 것은 놀라운 일이 아니다.

그러나 이것은 사회과학의 측면에서는 매우 중요한 일이다. 첫번째 강연에서도 언급했지만, 역사의 연구와 전통적인 경험론적 인식론은 조화하기 어려운 것이다. 지금 내가 말하고자 하는 것은, 사회과학이 주관과 객관의 엄격한 분리를 선언하는 인식론을 양립시키기 어렵다는 것이다.

사회학은 그 자체를 일관된 이론체계로서 확립하려고 노력하는 동안에, 아주 당연한 이야기지만, 지식사회학(知識社會學)이라고 부르는 분야를 만들어내게 되었다. 그러나 이 분야는 아직 별로 진전을 보지 못했는데, 그 주된 이유는 전통적인 인식론의 울타리 속에서 빙빙 도는 것만으로 만족했기 때문이 아닌가 하는 생각이 든다.

철학자들은 처음에는 현대 물리학의 충격 아래서, 오늘날에는 현대 사회학의 충격 아래서 이 울타리를 벗어나려고 노력하는 중이고, 피동적인 의식에 여전히 충돌하는 인식과정의 낡은 당구식(撞球式) 모델보다도 신식 모델을 구성하기 시작하고 있지만, 이것은 사회과학, 특히 역사에 있어서는 길조이다. 이것은 매우 중요한 논점이므로 후에 역사에 있어서 객관성의 의미가 무엇인가를 고찰할 때 재론하기로 하겠다.

끝으로 역사는 종교와 도덕의 여러 문제와 밀접하게 얽혀 있기 때문에 과학 일반과 다르고, 아마도 다른 사회과학과도 다를 것이라는 견해에 대해 검토해야 하겠다.

역사와 종교의 관계에 대해서는 내 입장을 밝히는 데 필요한 한도 내에서 조금만 언급해 보겠다. 진지한 천문학자가 된다는 것과 신이 우주를 창조하고 정했다는 믿음과는 양립할 수 있다. 그러나 신이 마음대로 유성의 궤도를 바꾸고,

일식(日蝕)을 연기하고 우주의 경기 규칙을 바꾸는 것이라는 믿음과는 양립될 수 없다.

마찬가지로, 흔히 말하듯이 진지한 역사가는 역사 전체의 과정을 지배하고 거기에 의미를 부여하는 신은 믿을 수 있지만, 아말렉 인의 살육에 개입하고, 여호수아의 군사력을 돕기 위해 낮을 연장하여 달력을 속이거나 하는 구약성서적인 신은 믿을 수 없을 것이다. 또 역사가는 개개의 역사적 사건 설명에 신을 들먹일 수도 없는 것이다.

다르시 신부는 최근의 저서에서 이 구별을 시도했다.

"역사상의 문제를 대할 때마다 그것은 신의 섭리였다고 답하는 것은 연구하는 사람이 취할 태도가 아니다. 현세의 사건과 인간의 드라마를 완전히 다 처리해 버릴 때까지는 보다 넓은 고찰을 제시해서는 안 된다."[23]

이런 견해가 어색한 것은, 종교를 트럼프의 조커처럼 생각하고 다른 방법으로는 할 수 없는 아주 중요한 한 회전을 위해서 남겨두는 듯이 여겨진다는 것이다.

루터 파의 신학자 카를 바르트(Karl Barth)는 천상의 역사와 지상의 역사를 완전히 분리해야 한다고 선언하고 후자를 속세 사람들에게 맡겼으니, 이 편이 더 훌륭하다.

내가 제대로 이해했다면 버터필드 교수도 같은 의미로 '기술적 역사'라는 말을 한 것 같다. 기술적인 역사란 여러분이나 나 같은 사람이 언제나 쓰려고 하고 있는, 아니 버터필드 교수 자신이 지금까지 써온 유일한 역사이다. 그런데 그는 이런 특별한 말을 사용함으로써 우리로서는 관심을 가질 필요가 없는 신비스럽고 종교적인, 혹은 섭리적인 역사를 믿는 권리를 보존하고 있는 것이다.

---

23 M.C. D'Arcy, *The Sence of History : Secular and Sacred*(1959), p.164. 그 전에 폴리비오스는 이미 "사건의 원인을 발견할 수 있는 경우에는, 신들에게 의지하지 않았을 것이나."라고 말한 바 있다.(K. von Fritz, *The Theory of the Mixed Constitution in Antiquity*, N.Y., 1954., p.390.)

베르댜예프, 니부어, 마리탱 같은 저술가들은 역사의 자율적 지위를 유지한다는 취지로 역사의 목적이나 목표는 역사 밖에 있다고 주장한다. 나로서는, 역사의 독립성이라는 것과 어떤 초자연적인 힘이(그 힘이 선택된 민족의 신이건, 그리스도의 신이건, 이신론자(理神論者)가 말하는 '보이지 않는 손'이건, 헤겔이 말하는 '세계정신'이건) 역사의 의미나 중요성을 결정한다는 믿음과는 양립할 수 없다고 생각한다.

이 강연의 목적으로 보아, 역사가는 위급할 때 구해주는 신에게 의지하지 말고 스스로 문제를 해결해야 하며, 역사는 말하자면, 조커를 쓰지 않고 하는 트럼프 놀이 같은 것이라고 생각하기로 하자.

역사와 도덕의 관계는 훨씬 더 복잡한 문제이며, 이 문제에 대한 과거의 논의에는 여러 가지로 애매한 점이 있었다. 역사가가 역사에 나타나는 인물의 사생활에 대해서 도덕적 판단을 내릴 필요가 없다는 것은 새삼 논할 필요도 없을 것이다.

역사가와 도덕가의 입장은 같지 않다. 헨리 8세는 나쁜 남편이었지만, 좋은 국왕이었다.

그러나 역사가는 나쁜 남편이라는 측면이 역사적 사건에 영향을 주지 않았다면, 이 측면의 헨리 8세에게는 관심을 갖지 않는다. 헨리 8세의 도덕적 비행이 헨리 2세의 경우와 마찬가지로 정치문제에 대해서 거의 눈에 띄는 영향을 미치지 않았다면, 역사가는 그의 비행에 대해 생각할 필요가 없을 것이다.

이것은 악덕과 마찬가지로 미덕에도 해당된다. 파스퇴르나 아인슈타인은 사생활에서 모범적인 인물, 성자 같은 인물이었다고 한다. 그러나 만일 그들이 불성실한 남편, 잔인한 아버지, 지조 없는 동료였다고 해도 그들의 역사적인 업적은 줄어들지 않았을 것이다.

역사가가 중점을 두는 것은 이 점이다. 스탈린은 두 번째 아내에 대해서 잔인하고 무정했다고 하지만, 나는 소련 문제를 연구하는 역사가로서 그런 사실에 대해 신경쓰지 않는다.

그렇다고 해서 개인적 도덕성이 무의미하다든가, 도덕의 역사가 역사상의 합법적인 한 부분이 아니라는 뜻은 아니다. 그러나 역사가는 그의 책에 나타나는 여러 개인의 사생활에 대해 도덕적 판단을 내리는 샛길로 빠져서는 안 된다. 역사가에게는 따로 할 일이 있는 것이다.

공적인 행위에 대한 도덕적 판단의 문제에 대해서는 더욱 심각한 애매함이 나타난다.

역사가는 등장인물에 대한 도덕적 판단을 내려야 할 의무가 있다는 믿음에는 긴 계보(系譜)가 있다. 그러나 19세기의 영국 이상으로 이 믿음이 강력했던 적은 없다. 그 시대의 도덕주의적 경향과 무제한적인 개인주의 숭배에 의해서 강화되었기 때문이다.

로즈버리(Rosebery ; 영국의 정치가. 1847~1929)는 영국 사람들이 나폴레옹에 대해서 알고자 했던 것은 그가 '좋은 사람'[24]이었나의 여부라고 말했다.

액턴은 크레이턴에게 보낸 편지에서 "도덕적 규범이 확고부동하다는 것이야말로 역사의 권위, 품위, 효용의 본질이다."라고 선언하고, 역사는 "논쟁의 판결자, 길을 잃은 자의 안내자, 세속적 권력과 종교적 권력이 끊임없이 저하시키려 하고 있는 도덕적 기준의 옹호자"[25]여야 한다고 주장하였다.

이 견해는 역사적 사실의 객관성과 우월성에 대한 액턴의 거의 신비적인 믿음에 의한 것이며, 분명히 이것이 역사적 사건에 등장하는 여러 개인에 대해서 일

---

[24] Rosebery, *Napoleon : The Last Phase*, p.364.
[25] Acton, *Historical Essays and Studies*(1907), p.505.

종의 초역사적 힘인 대역사(大歷史)의 이름으로 도덕적 판단을 하는 의무와 권리를 역사가에게 부여하고 있는 것이다.

이러한 태도는 아직도 가끔씩 뜻밖의 형태로 나타나고 있다.

토인비 교수는 1935년 무솔리니의 아비시니아 침공을 '고의적으로 지은 개인적인 죄'[26]라고 불렀으며, 또 벌린은 앞에서 인용한 논문에서 '카를 대제, 나폴레옹, 칭기즈 칸, 히틀러, 스탈린 등의 학살행위를 재판하는 것'[27]이 역사가의 의무라고 강력히 주장하고 있다.

이 견해는 놀스(Knowles ; 영국의 역사가. 1896~1974) 교수에 의해 무자비한 비판을 받았는데, 취임 연설에서 그는 모틀리(Motley ; 미국의 역사가. 1814~1877)가 필리프 2세에게 가한 탄핵("그가 저지르지 않은 악덕이 있다면, 그것은…… 인간성은 악에 있어서까지 완벽에 도달할 수 없기 때문이다.")과 스텁스(Stubbs ; 영국의 역사가. 1825~1901)가 존 왕에 대해서 한 말("인간을 모멸스럽게 하는 모든 죄악으로 더러워졌다.") 같은 것을 인용하여 역사가의 권한에 속하지 않는 개인에 대한 도덕적 판단의 예로 삼았다. "역사가는 재판관이 아니다. 더구나 엄격한 재판관은 아니다."[28]

그러나 크로체 역시 이 점에 대해서 훌륭한 글을 남겼으므로, 다음에 그 구절을 인용해 보겠다.

---

26 *Survey of International Affairs*, 1935, ii, 3.
27 I. Berlin, *Historical Inevitability*, pp.76~77. 벌린의 이런 태도는, 19세기의 완고한 보수적 법률가 피츠제임스 스티븐의 견해를 상기시킨다. "이와 같이 형법은 범죄자를 증오하는 것이 도덕적으로 옳다는 원리 위에 서 있는 것이다……. 매우 바람직스러운 것은 범죄자가 미움받고 있다는 것, 그들에게 가해지는 벌이 이런 증오를 나타내기에 충분하다는 것, 또한 건전한 자연적 감정을 표현하고 만족시키는 공적(公的) 규정이 그것을 정당하다고 인정하여 장려해 주는 한도 안에서 이 증오를 정당화하기에 충분하도록 고안되었다는 것이다."(*A History of the Criminal Law of England* 1883, ii, p.81~82. 인용은 L. Radzinowicz, *Sir James Fitzjames Stephen*, 1957, p.30에 의한다.) 이러한 견해는 이미 범죄학자들의 광범한 지지를 받지 못하는 것이다. 그러나 내가 여기서 밝히려고 하는 것은, 그것이 다른 점에서 아무리 타당하다고 해도 역사에 있어서의 판단에는 적용될 수 없다는 것이다.
28 D. Knowles, *The Historian and Character*(1955), pp.4~5, 12, 19.

"이러한 비난에서 우리가 잊어버린 것은 우리 법정(법률상의 것이든 도덕상의 것이든)은 지금 살아 숨쉬는 위험분자들을 위해서 개설된 현대의 법정이고, 피고들은 이미 당시의 법정에서 심판을 받았기 때문에 두 번 다시 유죄 또는 무죄의 판결을 받을 수 없다는 커다란 차이점이다. 어떤 법정이건 그들에게 책임이 있다고 생각할 수는 없다. 왜냐하면 그들은 과거의 편안 속에 사는 과거의 사람들이고, 따라서 역사상의 인물이며, 그들의 사업정신을 파악하고 이해하려는 판결 이외에 그 어떤 판결도 받을 수가 없기 때문이다……. 역사의 이야기를 한다는 구실로 재판관처럼 한쪽을 향해서는 죄를 묻고 다른 쪽을 향해서는 무죄를 선고하는 것이야말로 역사의 임무라고 생각하는 사람들은…… 일반적으로 역사적 감각이 없다고 생각된다."[29]

히틀러나 스탈린(원한다면 매카시 상원의원)에게 도덕적 판단을 내리는 것은 역사가의 일이 아니라는 주장에 이견을 보이는 사람이 있을 수도 있지만, 그것은 그들이 우리 대부분과 동시대인이기 때문이고, 직접 간접으로 그들 행위에 희생된 사람들이 수십만이나 살아 있기 때문이며, 바로 그런 이유로 말미암아 우리가 역사가로서 그들에게 접근하기가 곤란하고, 또 그들의 판단에서 우리 자신을 정당화할 수도 있을 우리의 다른 능력들을 스스로 박탈하는 것도 어렵기 때문이다.

이것이야말로 현대사가 곤혹스러워하는 일의 하나(아니, 가장 당혹스런 일)인 것이다. 어쨌거나 오늘날 카를 대제나 나폴레옹을 규탄한다고 해서 이익을 볼 사람이 대체 누구이겠는가?

그러니 역사가를 사형선고를 내리는 재판관으로 생각하는 일은 그만두기로 하자. 그리고 보다 어렵기는 하지만 가장 유익한 문제, 즉 과거의 개인에 대해서가

---

[29] B. Croce, *History as the Story of Libetty* (Engl. transl., 1941), p.47.

아니라 과거의 사건, 제도, 정책에 대해서 도덕적 판단을 내리는 문제를 살펴보기로 하자.

이것이 역사가로서는 중요한 판단이다. 개인에 대한 도덕적 단죄를 강력하게 주장하는 사람들은, 무의식적으로 집단이나 사회 전체를 위한 알리바이를 만드는 수가 많다.

르페브르라는 프랑스의 역사가는, 프랑스 혁명을 나폴레옹 전쟁의 참상과 유혈의 책임에서 벗어나게 하려고, 이 참상과 유혈의 원인을 "그 기질이…… 쉽게 평화와 안락을 받아들이지 않는…… 한 장군의 독재"[30]라고 설명했다.

오늘날 독일 사람들은 히틀러의 개인적 악의에 대한 단죄를 환영하고 있지만, 이것은 히틀러를 낳은 사회에 대한 역사가의 도덕적 판단이 낳은 훌륭한 대용품이 되고 있다. 러시아 인, 영국인, 미국인은 그들의 집단적인 범죄의 속죄양(贖罪羊)으로 스탈린, 체임벌린, 매카시를 내세우고 일치단결하여 그들에게 개인적 공격을 가하고 있다.

게다가 개인에 대한 찬미라는 도덕적 판단만 해도 개인에 대한 도덕적 규탄과 똑같이 사람들을 오해로 인도하는 수가 있으며, 해로울 수가 있는 법이다. 어떤 한 노예 소유자가 고결한 인사였음을 인정하는 것은 노예제도를 비도덕적인 것으로서 비난하지 않기 위한 구실로 이용되었다.

막스 베버가 "'자본주의는 노동자나 채무자를 몰아넣는 주인 없는 노예제도'이고, 역사가는 제도를 만든 개인이 아니라 제도 자체에 대해서 도덕적 판단을 내려야 한다."[31]고 말했는데, 이것은 옳은 말이다.

역사가는 개별적인 동양적 전제군주에 대한 판결에는 가담하지 않는다. 그러

---

[30] *Peuples et civilisations*, vol. xiv : *Napoléon*, p.58.
[31] *From Max Weber : Essays in Sociology*(1947), p.58에서 인용.

나 역사가는 예컨대 동양의 전제군주 제도와 페리클레스 시대의 아테네의 제도 사이에 서서, 무관심하고 공평해야만 하는 것은 아니다. 그는 개개의 노예 소유자에 대해서 판단을 내리려고 하지는 않을 것이다. 그러나 그것이 노예 소유 사회에 대한 그의 단죄를 방해하지는 않는다.

이미 말했듯이 역사적 사실은 어느 정도의 해석을 전제로 하며, 역사적 해석은 언제나 도덕적 판단(또는 보다 중립적인 말을 쓰자면) 가치판단을 포함하는 것이다.

그러나 이것은 우리의 곤란이 시작되는 것에 지나지 않는다. 역사란 하나의 투쟁과정이며, 거기서 생기는 여러 가지 결과는 우리의 판단과 무관하게 직접 또는 간접으로(아니, 간접보다는 직접이 많지만), 아무튼 어떤 집단의 성공으로써, 그리고 다른 집단의 패배로써 이루어진 것이다. 승리만이 정의(正義)이다.

역사에는 고난이 따라다니게 마련이다. 무릇 역사상의 위대한 시대에는 그 승리와 더불어 불행이 있는 법이다. 그것은 무척 복잡한 문제이다. 왜냐하면 우리는 한쪽보다 다른 쪽이 더 좋다고 측정할 만한 척도를 갖고 있지 않기 때문이다. 다시 말해서, 지금부터 저울을 만들어야 한다는 것이다.

이것은 역사에만 국한된 문제는 아니다. 우리는 일상생활에서 작은 악을 선택해야 하는 일이, 장차 선(善)이 될지도 모르는 악을 선택해야 하는 진퇴양난의 상황에 휘말려 들어가는 일이 우리가 때로 인정하는 것 이상으로 많은 것이다.

역사에서는 이 문제가 때때로 '진보의 대상(代償)'이라든가 '혁명의 희생'이라는 제목하에서 논의된다. 이것은 오해를 야기한다. 베이컨이 〈혁신에 대해서〉라는 에세이에서 주장하고 있듯이 '관습의 완강한 지속력은 혁신과 마찬가지로 광포한 것'이다.

지금까지 누려온 특권을 빼앗긴 사람들에게 혁신의 대상(代償)이 압박하는 것처럼 지금까지 특권이 없었던 사람들에게는 보수(保守)의 대상이 묵직하게 덮쳐 온다. 한 사람의 불행은 또 다른 사람의 행복이니 체념할 수 있다는 주장은 모든 정치의 기저에 깔려 있는 것으로서, 보수적인 학설이기도 하고 급진적인 학설이기도 하다.

존슨(Johnson ; 영국의 문학가. 1709~1784) 박사는 현재의 불평등을 유지하는 이유로서, 그 편이 보다 더 '작은 악'이기 때문이라는 난폭한 주장을 들고 나왔다.

"만민 평등의 상태가 되면 행복한 사람은 하나도 없을 테니, 그보다는 일부 사람들이 불행한 편이 낫다."[32]

그러나 이 문제가 가장 극단적인 형태로 나타나는 것은 급격한 변화의 시기이다. 따라서 그런 시기에 우리는 이 문제에 대한 역사가의 태도를 가장 편리하게 연구할 수 있다.

예컨대, 1780년 무렵부터 1870년 사이의 영국 공업화에 관한 이야기를 해 보자.

아마도 대부분의 역사가는 산업혁명을 무조건 위대하고 진보적인 업적으로서 다룰 것이다. 또 역사가는 농민이 그들의 토지에서 쫓겨나고, 노동자가 건강에 해로운 공장이나 비위생적인 주거에 집합되고, 아동의 노동이 착취된 경위도 기술할 것이다.

아마도 역사가는 제도의 운영상 잘못이 있었다든가, 어떤 고용주가 다른 고용주보다 무자비했다든가 하면서, 이 제도가 확립된 뒤에 인도주의적 양심이 차츰 발전해 온 경위를 감격적인 어조로 설명할 것이다. 그러나 역사가는 이 역시 당연한 일로서, 강제나 착취라는 방법이 적어도 초기 단계에서는 공업화에 따르는

---

[32] Boswell, *Life of Doctor Johnson*, 1776(Everyman ed. ii, p.20), 이것은 솔직하다고 하는 장점을 갖고 있다. 부르크하르트(*Judgements on History and Historians*, p.85)는 '일반적으로 자기 소유물 이외에는 아무것도 원하지 않았던' 진보의 희생자의 '짓눌린 신음소리'에는 눈물을 흘리고 있으나, 일반적으로 무엇 하나 소유하는 것이 없는 구제도의 희생자들의 신음소리에 대해서는 말이 없었다.

대가로 불가피한 것이었음을 인정할 것이다.

그러한 대가를 보고 진보를 멈추게 하고 공업화를 하지 않는 편이 좋았다고 주장하는 역사가가 있다는 말은 들은 적이 없다. 이런 역사가가 있다면, 아마 그 사람은 체스터턴(Chesterton ; 영국의 작가, 비평가. 1874~1936)이나 벨록(Belloc ; 영국의 작가. 1870~1953) 등의 학파에 속할 것이고, 진지한 역사가라면(당연한 이야기지만) 그런 사람을 진지하게 받아들이지는 않을 것이다.

이러한 예는 나에게는 특히 흥미가 있다. 나는 소련 역사의 연구를 진행시키고 있는데, 나중에는 농민집단화 문제를 공업화에 따르는 희생의 일부로서 다루려고 생각하고 있기 때문이다. 그리고 만일 영국의 산업혁명을 다루는 역사가를 본받아 집단화에 있어서의 잔인과 무자비를 한탄하면서도 그 과정을 바람직스럽기도 하고 필요하기도 한 공업화의 정책에 따르는 희생의 불가피한 부분으로서 논한다면, 나는 냉소주의에다가 나쁜 일에 관대했다는 비난을 받게 되리라는 것을 잘 알고 있다.

서양 여러 나라는 19세기에 아시아와 아프리카를 식민지로 삼았지만, 역사자들은 세계 경제에 미친 그 간접적인 영향뿐만 아니라, 아시아 및 아프리카 대륙의 후진 민족들에 대한 장기적인 결과를 이유로 들어 식민지화를 너그럽게 받아들이고 있다. 다시 말해서, 현대의 인도는 영국 지배의 소산이고, 현대 중국은 19세기의 서구 제국주의의 결과와 러시아 혁명의 영향이 섞인 것이다.

그런데 불행히도 서양인 소유의 조약항(條約港)에 있던 공장이나, 남아프리카의 광산이나 제1차 세계대전 때 서부전선에서 일한 중국인 노동자들이 오늘날까지 살아남아서 중국 혁명이 낳은 영광이나 이익을 향수하고 있는 것은 아니다. 대가를 치르는 사람이 이익을 얻는 사람과 일치하는 일은 드물다. 엥겔스의 유명하고 화려한 구절은 기분 나쁠 만큼 적절하다.

"역사는 아마 모든 여신 가운데서도 가장 잔인한 여신일 것이다. 전쟁뿐 아니라 '평화로운' 경제적 발전에서도 이 여신은 시체의 산을 넘어 승리의 전차를 몬다. 유감스럽게도 우리는 남녀를 불문하고 매우 어리석어서 견딜 수 없는 고통이 강요되지 않는 한 참된 진보를 위해 용기를 발휘하려 하지 않는다."[33]

이반 카라마조프의 그 유명한 무관심의 제스처는 영웅적인 오류이다. 우리는 사회 속에 태어나고, 역사 속에 태어나 있다. 우리는 그것을 어떤 경우에나 받는 것도, 거부하는 것에도 자유로운 입장권을 갖고 있는 것은 아니다. 역사가는 신학자가 수난(受難) 문제에 대해서 대답하는 것 이상으로 단정적인 대답을 갖고 있지 않다. 역사가라 하더라도 보다 작은 악보다 큰 선이라는 사고방식에 의거하게 되는 것이다.

그러나 역사가는 과학자와 달라서 다루고 있는 문제의 성질상 위와 같은 도덕적 판단의 문제에 연루되었다고 해서, 그것이 가치라는 초역사적인 표준에 역사가 굴복하는 것을 의미하는 것일까?

나는 그렇게 생각하지 않는다. '선'이나 '악'이라는 추상적 관념, 이것을 다시 복잡 미묘하게 발전시킨 것이 역사의 영역을 넘은 곳에 있다고 가정해 보자. 그렇다고 해도, 이 추상적 관념은 수학적 및 논리학적 방식이 자연과학에서 하고 있는 것과 동일한 역할을 역사적 도덕의 연구에서도 똑같이 하고 있는 것이지만, 단지 그것에 특수한 내용이 담겨질 때까지는 의미도 없고 쓸모도 없는 것이다.

다른 비유를 쓴다면, 우리가 역사나 일상생활에서 사용하는 도덕상의 규칙은 인쇄된 부분과 써놓은 부분이 있는 은행어음 같은 것이라고 하겠다. 인쇄된 부분은 자유와 평등, 정의와 민주주의 같은 추상적인 말로 되어 있다.

---

[33] 1893년 2월 24일자로 대니얼슨에게 보낸 편지(*Karl Marx and Friedrich Engels : Correspondence*, 1846~1895, 1934, p.510.).

이것은 필수적인 범주이다. 그러나 우리가 어느 정도의 자유를 누구에게 주려고 하는 것인지, 우리가 누구를 평등한 동료로 인정하는지, 그것을 우리가 나머지 부분에 기입하기 전에는 이 어음은 가치가 없는 것이다.

우리가 언제 무엇을 쓰느냐 하는 것은 역사의 문제이다. 추상적인 도덕적 관념에 특수한 역사적 내용이 주어지는 과정은 하나의 역사적 과정이다.

사실상 우리의 도덕적 판단은 그 자체가 역사의 창조물인 개념적인 틀 속에서 행해지는 것이다. 도덕적 문제에 관해 오늘날 흔히 보는 국제적 논쟁의 형태는, 자유와 민주주의를 에워싼 청구권(請求權) 싸움이다.

이러한 관념은 추상적이고 보편적인 것이다. 그러나 여기에 담겨지는 내용은 시대가 달라짐에 따라, 장소가 바뀜에 따라 역사를 통해서 변해 왔다.

이러한 관념을 사용하는 실천적인 문제는 역사적인 견해를 통해서 비로소 이해도 할 수 있고, 논의도 할 수 있는 것이다.

약간 덜 통속적인 예를 들어보기로 하자.

어떤 경제정책이 바람직한 것인가 아닌가를 검토하고 판단하는, 객관적이고 확실한 기준으로 '경제적 합리성'이라는 관념을 이용하려는 시도가 이루어져 왔다. 그러나 이러한 시도는 금방 좌절된다.

고전적 경제학의 법칙 속에서 자라난 이론가들은 계획이라는 것이 원래 합리적인 경제적 과정에 대해서 비합리적인 침입을 하는 일이라고 비난하고 있다. 이를테면 계획 수립자들은 가격 정책상 수요 공급의 법칙에 묶이기를 거부하며, 계획경제하의 가격은 아무런 합리적 근거를 가질 수가 없다고 말한다. 물론 계획 수립자들의 행동은 때때로 비합리적이고, 따라서 어리석다는 것은 옳을지도 모른다.

그러나 그들을 판단할 때의 기준은 고전적 경제학이 말하는 옛날 그대로의 '경제적 합리성'이 아니다.

나는 근본적으로 비합리적이었던 것은 통제도 없고 조직도 없는 자유방임의 경제이고, 계획이라는 것은 이 과정에 '경제적 합리성'을 도입하려는 시도라는 그 반대의 이론에 더 많이 공감한다.

그러나 여기서 내가 주장하고 싶은 유일한 논점은, 추상적이고 초역사적인 기준을 세워서 그것이 역사적 행위를 심판할 수 없다는 것이다. 어느 쪽이나 좋건 싫건 이런 기준 속에 자기 자신의 역사적 조건과 소망에 알맞은 특수한 내용을 담아보는 것이다.

이상은 역사적 사건이나 상황에 대한 판단의 길잡이가 될 초역사적인 표준이나 기준을 세우고자 하는 사람들에 대한 정직한 비판이다. 이런 기준이 신학자들에 가정된 어떤 신성한 권위로부터 나온 것이든, 아니면 계몽시대의 철학자들이 인정하는 부동의 이성이나 자연으로부터 나온 것이든 그것은 아무래도 좋다. 기준의 적용에 결함이 생겼다든가, 기준 그 자체에 결점이 있다는 것은 아니다.

이런 기준을 세우려고 하는 시도 자체가 비역사적이고, 역사의 본질과 모순된다. 이것은 직무상 역사가가 끊임없이 제기하지 않을 수 없는 문제에 대해서 독단적인 해답을 주는 것이다. 이런 문제에 미리 어떤 해답을 받아들인 역사가는 자기 눈을 가리고 연구를 시작하는 것이며, 자기의 직무를 포기하고 있는 것이다.

역사는 운동이며, 운동에는 비교가 포함된다. 따라서 역사가는 '선'이라든가 '악'이라는 비타협적이고 절대적인 말보다는 '진보적'이라든가 '반동적'이라는 비교의 성질을 가진 말을 사용하여 그 도덕적 판단을 나타내는 경향이 있는데, 이것은 여러 사회나 역사적 표준을 어떤 절대적 기준과의 관계에서가 아니라 그것들의 상호관계에서 규정하려는 시도인 것이다.

게다가 이른바 절대적이고 역사 외적인 진리라고 부르는 것을 검토해 보면 이 또한 실제로는 역사에 뿌리박고 있다는 것을 알 수 있다. 어느 시대 또는 어느 곳에 특수한 가치나 이상이 생기는 것은 그 시대 및 장소의 역사적 조건에 의해 설명이 된다. 평등, 자유, 정의, 자연법 같은 가설적으로 절대적인 것의 실제 내용은 시대에 따라, 또는 대륙에 따라 다르다.

어느 집단이나 그 역사에 뿌리박은 그 나름의 가치를 가지고 있다. 어느 집단이든 이질적이고 부당한 가치의 침입으로부터 몸을 지키고, 이것을 부르주아적이고 자본주의적이라든가, 비민주적이며 전체주의적이라든가, 더 심하게는 비영국적이라든가 비미국적이라는 불명예스러운 이름으로 낙인을 찍는 것이다.

사회와 역사에서 분리된 추상적인 기준이나 가치는 추상적인 개인과 마찬가지로 환상이다. 진정한 역사가는 모든 가치의 역사적 제약성을 인정하는 사람을 말하며, 자기의 가치에 초역사적 객관성을 요구하는 사람을 말하는 것이 아니다. 우리가 갖고 있는 믿음이나 우리가 세워놓은 판단의 기준은 다 역사의 일부이며, 역사적으로 연구되어야 한다는 측면에서는 인간 행동의 다른 모든 점과 마찬가지이다.

오늘날의 과학(특히 사회과학)은 완전한 독립성을 주장할 수 없을 것이다. 그러나 역사는 역사의 외부에 있는 어떤 것에 근본적으로 의존하지 않으므로, 그것으로 다른 모든 과학으로부터 구별되는 것이다.

역사를 과학에 포함시키려는 주장에 대해서 내가 주장하고자 했던 것을 요약해 보겠다.

과학이라는 말 자체가 지식의 여러 가지 방법과 기술을 사용하는 여러 분야를 포함하고 있으므로, 역사를 과학에 포함시키려는 사람들보다는 역사를 과학에서 제외하려고 하는 사람들이 더 무거운 짐을 지게 되는 것 같다. 역사를 과학으로부터 제외하자는 의논이 자기들의 선택된 집단으로부터 역사가를 추방하고 싶이

하는 과학자측에서 나온 것이 아니라 오히려 인문학(人文學)의 한 분과로서의 역사상 지위를 지키고 싶어하는 역사가와 철학자측에서 나왔다는 것은 의미심장한 일이다.

이 논의는 인문학과 과학이 옛날부터 구별되어 인문학은 지배계급의 넓은 교양을 나타내고, 과학은 이 사람들에게 봉사하는 기술자의 기능을 나타낸다는 편견을 반영하는 것이다.

이런 사정으로 본다면, '인문학'이라든가 '인문'이라는 말 자체가 전통적인 편견의 유물에 지나지 않으며, 과학과 역사를 대립시키는 것도 영어 이외의 언어에서는 무의미하다는 사실은 이 편견의 매우 편협한 성격을 암시하고 있다.

역사를 과학이라 부르는 것을 거부하는 주장에 내가 반대하는 것은, 이것을 거부하면 이른바 '두 문화' 사이의 균열을 변호하고 영구화하게 되기 때문이다. 이러한 균열 자체가 영국 사회의 계급적 구조에(이미 과거에 속하는 것이지만) 입각하는 낡은 편견의 산물이다.

나는 역사가를 지질학자와 떼어놓고 있는 간격이 지질학자를 물리학자와 떼어놓고 있는 간격보다 깊다든가 혹은 다리를 놓기가 더 어렵다고 믿지는 않는다.

그러나 나의 견해로는, 그런 균열을 수리하는 방법은 역사가에게 과학의 기초를 가르치거나 과학자에게 역사의 기초를 가르치거나 하는 일은 아니다. 이것은 사고의 혼란 때문에 우리가 들어서게 된 막다른 골목이다. 어쨌든 과학자 자신이 이와 같이 행동하지는 않는다. 식물학의 초급반 강의를 들으라는 권유를 받은 기술자가 있다는 말은 들은 적이 없다.

내가 제안하려는 구제책은, 우리의 역사 수준을 높이는 것, 역사를(이렇게 말해도 된다면) 보다 과학적으로 만들고, 역사 연구가들에 대한 우리의 요구를 더 엄격하게 하는 것이다. 한때는 이 케임브리지 대학의 교과 과목의 하나인 역사가, 고전은 너무 어렵고 과학은 너무 딱딱하다고 생각하는 사람들을 담는 동냥자루처럼 생각된 적이 있었다.

이 강연을 통해 내가 전하려고 하는 한 가지 감상은, 역사란 고전 연구보다 훨씬 어렵고, 과학에 못지않게 딱딱한 학문이라는 것이다. 그러나 위의 구제책에는 역사가 자신들이 자기 일에 대해 보다 강한 신념을 가져야 한다는 요구가 포함되어 있다.

스노(Charles Percy Snow ; 영국의 평론가. 1905~1980)는 이러한 주제를 다룬 최근의 강연에서 과학자의 '성급한' 낙관주의와 그의 이른바 '문학적 인텔리'의 '낮은 목소리'와 '반사회적 감정'[34]을 대조시켰지만, 그것은 정곡을 찌르고 있다. 어떤 종류의 역사가들(그 이상으로, 역사가가 아니라 역사에 관해 쓰고 있는 사람들)은 '문학적 인텔리'라는 범주에 속한다.

역사는 과학이 아니라고 말하고, 과학은 무엇일 수 없고 무엇이어야 한다든가, 또는 무엇을 해야 하며 무엇은 하지 말아야 한다든가 하고 설명하기에 바빠서 그들은 역사의 연구를 할 시간도, 역사의 가능성을 살릴 시간도 없는 것이다.

이러한 균열을 메우는 또 한 가지 방법은, 과학자나 역사가나 그 목적은 같다는 것을 더 깊이 이해하는 것이다. 여기에 요즘 증대되고 있는 과학사(科學史)와 과학철학에 대한 새로운 관심의 주요한 가치가 있다.

과학자, 사회과학자 및 역사가는 모두가 같은 연구의 서로 다른 부문에 속하고 있다. 즉 어느 것이든 인간과 그 환경, 환경에 대한 인간의 작용, 인간에 대한 환경의 작용에 대한 연구인 것이다. 연구의 목적은 동일하다. 곧 자기의 환경에 대한 인간의 이해력과 지배력을 늘리는 것이다.

물론 물리학자, 지질학자, 심리학자, 역사가의 전제나 방법은 세부적으로는 크게 다르다. 나는 또한 역사가 보다 과학적이 되려면 더 충실하게 자연과학의 방

---

[34] C.P. Snow, *The Two Cultures and the Scientific Revolution*(1959), pp.4~8.

법을 따라야 한다는 명제를 받아들일 생각은 없다.

그러나 역사가와 물리학자는, 설명을 구하는 근본 목적에 있어서나 문제를 제출하고 이에 대답하는 근본 절차에 있어서는 동일하다. 다른 모든 과학자도 그렇지만, 역사가도 줄곧 '왜?' 하고 묻는 동물이다. 다음 강연에서는 역사가가 문제를 제시하고 이에 답해 나가는 방법을 검토해 보기로 하겠다.

역사에서의 인과관계 4장

냄비에 우유를 끓이면 넘친다. 왜 그렇게 되는지 나는 알지 못하고 또 알려고 한 적도 없다. 만일 누군가가 내게 묻는다면, 우유에는 끓어서 넘치는 성질이 있기 때문이라고 대답할 것이다. 이 대답은 틀리지는 않지만 아무 설명도 되지 않는다.

이 경우 나는 자연과학자가 아닌 것이다. 마찬가지로 사람들은 과거의 사건이 왜 일어났는지 알지 못한 채 그런 사건에 대해 읽을 수도 있고 쓸 수도 있다. 또 제2차 세계대전이 발발한 것은 히틀러가 전쟁을 원했기 때문이라고 대답할 수도 있다. 이것은 틀림없는 사실이지만, 그것으로는 설명이 되지 않는다.

그러나 이 경우 자기를 역사 연구가 또는 역사가라고 자처하는 터무니없는 짓은 삼가야 할 것이다. 역사의 연구는 원인의 연구이다. 앞 강연의 마지막에 말한 것처럼 역사가란 끊임없이 '왜?' 하고 물으며, 해답을 얻을 가망이 조금이라도 남아 있는 한 쉴 수가 없다. 위대한 역사가는(아니, 더 광범위하게 위대한 사상가라고 해야겠다) 새로운 사실에 대해서, 새로운 문맥에 대해서 '왜?'라고 묻는 사람이다.

역사의 아버지라고 불리는 헤로도토스는 그 저작의 첫권 첫머리에서 자기의 목적을 그리스 인 및 야만인의 행위에 대한 기억을 보존하고, '특히 무엇보다도 그들 사이에서 왜 싸움이 일어났는가 하는 원인을 밝히는 것'이라고 규정했다. 고대 세계에는 그를 이은 제자가 거의 없었으며, 투키디데스 역시 인과관계에 대

한 명확한 관념이 없었다는 비난을 듣고 있다.[1]

그런데 현대의 역사 서술의 기초가 굳어지기 시작했던 18세기에 이르러 몽테스키외는 《로마 인의 위대성, 흥망성쇠의 여러 원인에 관한 고찰》에서 '모든 왕조에 작용, 왕조를 일으키고 유지하고 멸망시키는 정신적·물질적·일반적인 원인이 있다'는 원리와 함께 '모든 사건은 이러한 원인에 따른다'는 원리를 출발점으로 삼았다.

그리고 몇 년 뒤, 몽테스키외는 《법의 정신》에서 이런 사상을 전개하고 일반화했다.

우리가 세상에서 보는 모든 결과는 '눈이 먼 운명이 낳은 것이라고 생각하는 것'은 엉뚱하다. 그는 인간은 '그 환상에만 지배받고 있는 것이 아니며', 인간의 행동은 '사물의 본질'에 존재하는 어떤 법칙이나 원리를 따르는 것[2]이라고 보았던 것이다.

그 후 거의 2백 년 동안 역사가와 역사철학자는 역사적 사건의 원인과 역사적 사건을 지배하는 법칙을 찾아내고 그것으로 인류의 과거의 경험을 조립하려는 시도에 열중해 왔다. 원인이나 법칙은 어느 때는 기계적으로, 어느 때는 생물적으로, 어느 때는 형이상학적으로, 어느 때는 경제적으로, 그리고 어느 때는 심리적인 것으로 생각되었다.

그러나 역사란 과거의 여러 사건을 원인과 결과의 짜임새 있는 연결고리로써 정리하는 일이라는 것은 널리 알려진 학설이었다. 볼테르는 《백과전서》에 실린 '역사'의 항목에서 이렇게 썼다.

"옥수스 및 작사르테스 근처의 여러 야만족들의 흥망성쇠 이외에는 언급할 만

---

[1] F.M. Cornford, *Thoucydides Mythistoricus*, passim.
[2] *De l'esprit des lois*, Preface and ch. 1.

한 것이 없다면, 그것이 우리에게 어떤 의미가 있는가?"

그런데 최근에는 사정이 좀 달라졌다. 앞의 강연에서 말한 바 있는 그런 이유로, 오늘날 우리는 이미 역사의 '법칙'이라는 말을 사용하지 않는다. '원인'이라는 말까지도 뒤떨어진 유행어가 되어버렸다.

그 이유는 한편으로는 철학적 애매성에 있고, 또 한편으로는 결정론을 유추하게 하는 점에 있는데, 전자는 내가 거론할 필요가 없으므로 여기서는 후자를 다루어보고자 한다.

어떤 사람들은 역사에 있어서 '원인'이라는 말을 하지 않고 '설명', '해석', '상황의 논리', '사건의 내적 논리'(이 말은 영국의 법학자인 다이시가 쓰기 시작한 것이다)라는 말을 쓰거나, 인과적 접근(왜 그런 일이 일어났는가)을 물리치고 기능적 접근법(어떻게 그런 일이 일어났는가)을 채택하고 있다. 그러나 기능적 접근법에는 아무래도 어떻게 그런 일이 일어나게 되었나 하는 문제가 포함되므로, 우리는 '왜?'라는 문제로 되돌아가게 되는 것이다.

또 다른 사람들은 서로 다른 종류의 원인(기계적·생물적·심리적 원인 등)을 구별하여, 역사적 원인을 독자적인 범주로 보고 있다.

이런 구별 가운데는 어느 정도 타당한 것이 있지만, 현재의 목적으로 볼 때는 그러한 차이보다 모든 종류의 원인에 공통되는 것을 강조하는 편이 유익할 것으로 생각된다. 나 자신은 원인이라는 말을 일반적인 의미로 사용하는 데 만족하므로, 이런 특별히 미묘한 구별은 무시하기로 하겠다.

사건의 원인을 제시해야만 할 필요성에 직면했을 때, 역사가는 실제로 어떻게 하는가 하는 문제부터 시작하자.

원인의 문제에 대한 역사가의 접근법의 첫번째 특징은, 한 사건에 몇 가지 원인을 제시하는 것이 보통이라는 것이다. 경제학자 마셜(Marshall)은 이렇게 말한 일이 있다.

"무슨 일이 있더라도 우리는 어떤 한 가지 원인의 작용만을 주목함으로써······ 그 결과 이 원인과 섞여 있는 여러 다른 원인들을 무시하는 일이 없도록 조심해야 한다."[3]

어떤 수험생이 '1917년 러시아에서는 왜 혁명이 일어났는가?' 하는 문제에 답하려 할 때, 단 한 가지 원인만 든다면 아무리 운이 좋아도 성적은 하위권에 머물 수밖에 없을 것이다. 역사가는 복합적인 원인을 다룬다.

역사가가 볼셰비키 혁명의 원인을 생각해야 할 경우, 그는 러시아의 계속적인 군사적 패배, 전쟁의 압력 아래서의 러시아 경제의 붕괴, 볼셰비키의 교묘한 선전, 농업문제를 제대로 해결하지 못한 차르 정부의 실패, 착취당해 헐벗은 프롤레타리아의 페트로그라드 공장지대로의 집중, 레닌의 결의는 확고했으나 다른 진영은 그렇지 않았다는 사실 등을 들 것이다. 요컨대 경제적·정치적·사상적·개인적인 원인을 장기적인 것, 단기적인 것을 가리지 않고 늘어놓게 될 것이다.

그런데 이것은 곧 우리를 역사가의 접근법의 두 번째 특징으로 인도해 간다. 우리의 물음에 대답하는 수험생이 러시아 혁명에 대한 원인을 한 다스쯤 자랑스레 들고 나서 그것으로 만족한다면, 그 성적이 중위권은 몰라도 상위권에 들기는 어려울 것이다. 아마도 '지식은 풍부하나 상상력이 부족하다'라는 것이 채점관의 평일 것이다.

진정한 역사가란 자기가 만든 도표를 들여다보는 동안에, 이 표를 정리하고 여러 원인의 상호관계를 정리할 수 있는 어떤 계통질서를 설정하며, 가능하면 어떤 원인 또는 어떤 종류의 원인을(역사가가 좋아하는 용어를 쓴다면) '궁극적으로는',

---

[3] *Memorials of Alfred Marshall*, ed. A.C. Pigou(1925), p.428.

또는 '결국은' 궁극적인 원인으로 볼 것인가, 모든 원인 중의 원인으로 볼 것인가를 결정하려는 직업적인 의무를 느낄 것이다.

주제에 대한 역사가의 해석이 바로 여기에 있는 것이다. 역사가가 어떤 원인을 채택하느냐에 따라서 그가 어떤 역사가인가를 알게 되는 것이다.

기번은 로마 제국의 쇠퇴와 멸망의 원인을 야만민족과 종교의 승리 때문이라고 생각했다. 19세기의 휘그적인 영국 역사가들은, 영국의 위세와 번영이 상승한 원인을 입헌적 자유의 원리가 구체화된 정치적 제도의 발전 덕택이라고 보았다.

기번과 19세기 영국의 역사가들은 오늘날에 와서는 시대에 뒤떨어진 것으로 보인다. 그들은 현대의 역사가들이 가장 중요한 원인으로 생각하고 있는 경제적 원인을 간과하고 있기 때문이다. 역사에 관한 모든 논의는 여러 원인에 있어서의 우월성 문제의 주위를 맴돌고 있는 것이다.

내가 지난번 강연 때 인용한 책에서 앙리 푸앵카레는 과학은 '다양성과 복잡성을 향하여' 그리고 '동일성과 단순성을 향하여' 동시에 나아가는 것이며, 이중적이고 명백하게 모순적인 과정이 지식의 필요 조건이라고 주장하였다.[4]

이 말은 역사에도 해당된다. 연구가 넓어지고 깊어짐에 따라 역사가는 '왜?'라는 문제에 대한 해답을 점점 더 축적해 간다.

최근 몇 해 동안의 경제사, 사회사, 문화사, 법제사(法制史)의 발달은(정치사의 복잡한 여러 문제에 대한 신선한 통찰이나, 심리학 및 통계학의 새로운 기술은 말할 것도 없지만) 대답의 수와 범위를 엄청나게 넓혀놓았다.

러셀은 "과학에서의 모든 발전은 최초의 조잡한 획일성에서 우리를 분리하여 원인과 결과의 더 큰 변이로, 또 관계 있다고 생각되는 원인의 끊임없는 확대의 범위로 우리를 인도해 가는 것이다."라고 말했는데, 이것은 역사의 상황을 신랄

---

4 H. Poincaré, *La Science et l'hypothése*(1902), pp.202~203.

하게 묘사한 것이다. 그러나 역사가는 오로지 과거를 이해하려는 마음으로 과학자처럼 해답의 다양성을 단순화하고, 어떤 해답을 또 다른 해답에 종속시키지 않을 수 없는 동시에 여러 사건의 혼돈 속으로, 특수한 여러 원인의 혼돈 속으로 어떤 질서와 통일을 인도해 가지 않을 수 없는 것이다.[5]

'하나의 신, 하나의 법칙, 하나의 원소(元素), 먼 옛날의 하나의 거룩한 결말'이라든가, '교육을 받고 싶은 욕구를 진정시켜 줄 어떤 위대한 일반화'[6]에 대한 헨리 애덤스(Henry Adams ; 미국의 문학자, 역사가. 1838~1918)의 추구 같은 것은 오늘날 구식 농담처럼 들린다. 그러나 역사가는 원인의 다양화와 단순화를 통해서 일을 진행시켜야만 한다는 사실에는 변함이 없다. 과학과 마찬가지로 역사도 언뜻 보기에 모순된 이런 이중의 과정을 통해서 전진하는 것이다.

여기서 나는, 별로 마음이 내키지 않지만 방향을 바꾸어 우리의 앞길에 가로놓여진 매력적인 두 개의 함정에 대해서 이야기해야만 되겠다.

그 하나에는 '역사에 있어서의 필연(必然), 또는 헤겔의 간계(奸計)'라는 딱지가 붙어 있고, 또 하나에는 '역사에 있어서의 우연, 즉 클레오파트라의 코'라는 딱지가 붙어 있다.

먼저 이러한 함정이 생긴 경위를 말하지 않을 수 없다. 칼 포퍼(Karl Popper) 교수라고 하면 1930년대 빈에서 과학상의 새로운 관점에 대해 비중 있는 책을(최근 이것이 《과학적 탐구의 논리》라는 제목으로 영역되었지만) 쓴 사람인데, 제2차 세계대전 중에는 《개방사회와 그 적(敵)》 및 《역사주의의 빈곤》[7]이라는 보다 대중

---

5 B. Russell, *Mysticism and Logic*(1918), p.188.
6 *The Education of Henry Adams*(Boston, 1928), p.224.
7 *The Poverty of Historicism*은 1957년에 처음 서적의 형식으로 간행되었지만, 원래는 1944년과 1945년에 논문으로 발표된 것이다.

적인 책 두 권을 영어로 출판했다.

이 두 권의 책은 포퍼가 플라톤과 함께 나치즘의 정신적인 선조라고 생각하는 헤겔에 대한 반발, 그리고 1930년대 영국 좌익의 지적인 풍조였던 상당히 천박한 마르크스주의에 대한 반동에서 강력한 감정적 영향을 받고 씌어진 것이다.

그 주된 표적은 헤겔과 마르크스의 결정론적 역사철학으로, 포퍼는 이것을 '역사주의'라는 난폭한 명칭으로 한데 묶고 있다.[8]

1954년 벌린 경은 '역사적 불가피성'에 관한 논문을 발표했다. 거기서 그는 플라톤에 대한 공격을 삼갔다. 아마도 그것은 옥스퍼드 대학을 지탱하는 오래된 지주에 대한 존경의 잔재 때문일 것이다.[9]

그러나 그는 포퍼 교수의 비난에 포퍼에게서는 찾아볼 수 없었던 논의를 덧붙였다. 즉 헤겔과 마르크스의 이른바 '역사주의'는 의심의 여지가 있다는 것이다. 왜냐하면 그것은 인간의 행위를 인과적인 관점에서 설명함으로써 인간의 자유의지를 부정하고, 따라서 카를 대제나 나폴레옹 또는 스탈린 같은 역사상의 인물에 대해서 도덕적 비난을 가해야 한다고 그들이 주장하는 의무(이 점에 대해서는 지난

---

[8] 나는 두세 군데의 엄밀성이 요구되지 않는 곳을 제외하고는 이 '역사주의'라는 용어의 사용을 피했다. 이 문제를 다룬 포퍼 교수의 책은 널리 보편화되어 읽혀지지만, 이 용어의 정확한 뜻을 공허하게 만들었기 때문이다. 용어의 정의를 고집하는 것은 현학적이다. 그러나 자기가 하고 있는 말의 의미는 알고 있어야 한다. 포퍼 교수는 자기가 싫어하는 역사관은 무엇이건(그 가운데는 내가 옳다고 생각하는 것도 있고, 또 오늘날의 진지한 역사가라면 어느 누구도 믿지 않는 것도 있다) '역사주의'라는 자루에 담고 있다. 그가 인정하는 것처럼(《역사주의의 빈곤》 p.3.) 그는 유명한 '역사주의자'가 아무도 사용한 적이 없는 '역사주의적' 이론을 발명해 낸 것이다. 그의 저서에서는 역사주의는 역사를 과학과 동일시한다는 설과, 역사와 과학을 엄격히 구별해야 한다는 학설을 모두 다 포함하고 있다. 《열려진 사회》에서는 예언을 피한 헤겔이 역사주의의 교황으로서 다루어져 있는가 하면, 《역사주의의 빈곤》의 서론에서는, 역사주의는 '그 주요 목적으로서 역사적 예언을 생각하고 있는 사회과학의 연구법'이라고 말하고 있다. 지금까지는 보통 역사주의(historicism)는 독일어 Historismus의 영역(英譯)으로 사용되어 왔는데, 포퍼 교수가 historicism과 historism을 구별한 이후에는 원래부터 혼란스러웠던 용어법에 새로운 혼란의 요소가 부가되었다. M.C. D'Arcy는 *The Sense of History : Secular and Sacred*(1959), p.11에서 '역사주의'라는 말을 '역사철학과 동일한 것'으로서 사용하고 있다.
[9] 그러나 플라톤을 최초의 파시스트로서 공격하기 시작한 것은 한 옥스퍼드 출신 인사의 방송 강연에서였다. R.H. Crossman, *Platon Today*(1937).

번 강연에서 말한 바 있다)로부터 역사가가 도피하는 것을 돕고 있기 때문이라는 것이다.

그밖의 점에서는 크게 다른 것이 없다. 그러나 당연한 일이겠지만, 벌린은 인기도 있고 널리 읽혀지는 저술가이다.

어쨌거나 지난 5, 6년 동안 영국과 미국에서 역사에 관한 논문을 쓴 사람이라면 누구든지, 아니 역사 서적에 진지한 서평을 하나라도 쓴 사람이면 누구나 거의 예외없이 이구동성으로 헤겔과 마르크스와 결정론에 아는 체하며 경멸의 태도를 보이고, 역사에 있어서의 우연의 역할을 인정하지 못하는 어리석음을 지적하곤 했다.

벌린에게 그 제자들의 책임까지 묻는 것은 부당한 처사일 것이다. 벌린은 말장난을 할 때도 매력적이고 애교가 있기 때문에 우리도 참고 들을 수가 있다. 그러나 그 제자들은 우스꽝스러운 말장난을 되풀이할 뿐 애교라고는 도무지 찾아볼 수가 없다.

아무튼 이것은 새로운 이야기가 아니다. 찰스 킹즐리(Charles Kingsley)는 영국의 근대사 칙임 강좌를 담당한 여러 교수 가운데에서 두드러지게 뛰어난 사람도 아니며, 아마 헤겔을 읽은 일도 없고 마르크스의 이름을 들은 적도 없는 사람이라고 생각되지만, 1860년의 취임 연설에서, 인간은 '자기 자신의 존재의 법칙을 깨는 신비스런 힘'을 가졌다고 말하고, 이것은 어떤 '불가피적 연쇄'도 역사에는 존재할 수 없다는 증거라고 하였다.[10]

그러나 다행스럽게도 우리는 킹즐리를 잊어버렸다. 포퍼 교수와 벌린은 죽은 지 이미 오래된 말에 채찍질하여 마치 살아 있는 것처럼 보이게 하는 헛된 노력을 계속하고 있는 것이다. 이 혼란을 극복하자면, 약간의 참을성이 필요할

[10] C. Kingsley, *The Limits of Exact Science as Applied to History* (1860), p.22.

것이다.

우선 결정론부터 다루기로 하겠다. 나는 부디 이의가 나오지 않기를 바라면서 이에 대한 정의를 내리겠다. 결정론이란 모든 사건에는 하나 또는 몇 가지 원인이 있으며, 그 하나 또는 몇 가지 원인 가운데 어떤 것에 변화가 없는 한 그 사건에 변화가 있을 수 없다는 신념이다.[11]

결정론은 역사의 문제라기보다는 오히려 모든 인간의 행위문제이다. 인간의 행위가 원인이 없고 따라서 행위가 결정되어 있지 않은 그런 인간은, 지난번 강연 때 언급했듯이, 사회의 외부에 있는 개인과 마찬가지로 하나의 추상적인 관념일 뿐이다.

"인간사에서는 모든 것이 가능하다."[12]는 포퍼 교수의 주장은 무의미하거나 거짓이다. 일상생활에서는 어느 누구도 그런 말을 믿지 않으며 또 믿을 수도 없다.

모든 것에 원인이 있다는 전제는, 우리 주위에서 진행되고 있는 일을 이해하는 인간 능력의 한 조건이다.[13]

카프카(Kafka) 소설의 환상적인 성격은 어떤 사건이나 명백한 원인, 확인될 수 있는 원인이 없다는 데서 오고 있는 것이다. 이것은 결국 인간의 인격을 전면적으로 붕괴시킨다. 인간의 인격은 사건에는 원인이 있다는 전제, 또 그 원인의 대부분은 확인할 수 있고, 거기서 행동 지침에 유용한 과거와 현재에 관한 훌륭

---

[11] 결정론이란…… 다음과 같은 것을 의미한다……. 자료가 이러저러하면 어떤 사건이 반드시 일어나게 마련이고 다른 것이 될 수는 없다는 의미이다. 다른 것이 될 수도 있다고 주장하는 것은 자료가 다를 경우에는 그렇게 될 것이라는 의미일 뿐이다(S.W. Alexander in *Essays Presented to Ernst Cassirer*, 1936, p.18).

[12] K.R. Popper, *The Open Society*(2nd ed., 1952), ii, p.197.

[13] "인과(因果)법칙은 세계가 우리에게 부과한 것이라기보다는, 아마도 우리의 견해로써 우리들 자신을 세계에 적응시키는 데 가장 편리한 방법일 것이다."(J. Rueff, *From the physical to Social Science*, Baltimore, 1929, p.52.) 포퍼 교수 자신도(*The Logic of Scientific Enquiry*, p.248.) 인과관계에 대한 신념을 '정당화된 방법론적 규칙을 형이상학적으로 실현한 것'이라고 부르고 있다.

하고 합당한 모습을 인간의 마음속에 형성할 수 있다는 전제에 입각해 있기 때문이다.

인간의 행동이 원칙적으로 확인될 수 있는 원인에 의해서 결정되어 있다고 전제하지 않는다면, 일상생활은 불가능해질 것이다.

옛날 어떤 사람들은 자연현상은 분명히 신의 의지에 의해서 지배되고 있으므로, 이 자연현상의 원인을 찾아내려는 것은 신에 대한 모독이라고 생각함으로써 자연과학자의 일에 반대한 적이 있었다. 우리가 인간의 행위의 원인을 설명하는 데 대해서, 인간의 행위는 인간의 의지에 의해 지배되고 있다는 이유로 벌린이 반대하는 것도 이와 같은 사고방식이다. 그리고 아마 그의 반대는, 오늘날의 사회과학이 이런 종류의 논의가 벌어지고 있던 당시의 자연과학과 같은 발전 단계에 있다는 것을 나타내고 있는 것 같다.

일상생활에서 우리가 이 문제를 어떻게 처리하고 있는지 생각해 보기로 하자. 여러분은 하루 일과를 시작할 때 늘 스미스를 만난다고 가정하자. 여러분은 스미스에게 날씨라든가 대학의 일에 대해서 친절하지만 별 의미가 없는 말로 인사할 것이다. 스미스도 역시 날씨나 업무상황에 대해서 친절하지만 별로 의미 없는 말로 응답할 것이다.

그런데 어느 날 아침, 스미스가 여느 때의 말투로 여러분의 인사에 응답하지 않고 여러분의 용모나 성격에 대해서 마구 욕을 퍼부었다고 하자. 이때 여러분은 어깨를 으쓱하며, 이야말로 스미스의 의지가 자유롭다는 확실한 증거이자 인간사에서는 모든 것이 가능하다는 확실한 증거라고 생각할 수 있겠는가?

내 생각에는 그렇지 않을 것 같다. 반대로 여러분은 아마 이렇게 말할 것이다. '가엾은 스미스! 그래, 저 친구 아버지는 정신병원에서 돌아가셨지.' 또는 '가엾은 스미스! 부인과 심하게 싸웠나 보군.'

다시 말해서, 여러분은 무언가 원인이 있을 것이라고 굳게 믿고, 얼른 보기에 원인이 없는 것처럼 보이는 스미스의 행동 원인을 진찰해 보려고 할 것이다.

그러나 나는 여러분이 그러다가 벌린의 분노를 사지나 않을까 걱정된다. 그는 여러분이 스미스의 행동을 인과적으로 설명함으로써 헤겔과 마르크스의 결정론적 전제를 그대로 답습하여, 스미스를 야비한 인간이라고 비난해야 할 의무를 소홀히 했다고 몹시 한탄할 것이다.

그러나 일상생활에서는 아무도 이와 같이 생각하는 사람이 없으며, 또 그것을 결정론이냐 도덕적 책임이냐 하는 큰 문제로 생각하는 사람도 없다. 자유의지와 결정론에 관한 논리적 딜레마는 실제 생활에서는 발생하지 않는다. 그렇다고 해서 인간의 어떤 행위는 자유이지만, 어떤 행위는 결정되어 있다는 뜻은 아니다. 모든 인간의 행동은 어떤 관점에서 보느냐에 따라서 자유롭기도 하고 결정되어 있기도 한 것이다.

여기서도 실제 문제는 다르다. 스미스의 행위에는 하나의 원인 또는 많은 원인이 있었다. 그러나 그것이 어떤 외적인 강제에 의한 것이 아니라 그 자신의 인격의 강제에 의해서 생긴 것이라면, 도덕적 책임이 스미스에게 있는 것이다. 정상적인 성인의 경우, 자기 자신의 인격에 도덕적인 책임이 있다는 것이 사회생활의 한 조건이기 때문이다.

이 특별한 경우에 대해서 스미스에게 책임이 있다고 보느냐 없다고 보느냐 하는 것은 여러분의 실천적 판단에 대한 문제이다.

그러나 책임을 물었다고 해서 여러분이 스미스의 행위에는 아무 원인도 없다고 인정한 것은 아니다. 원인과 도덕적 책임은 그 범주가 다르다.

최근 케임브리지 대학에는 범죄학 연구소와 강좌가 개설되었다. 그러나 범죄의 원인을 연구하는 분들이 범죄자의 도덕적 책임을 부정할 수밖에 없는 처지에 놓이는 일은 없을 것이라고 믿는다.

자, 그러면 역사가의 경우를 생각해 보기로 하자. 역사가도 역시 보통 사람과 마찬가지로 인간의 행위에는 원칙적으로 확인할 수 있는 원인이 있다고 믿고 있다. 일상생활과 마찬가지로 이런 전제가 없다면 역사는 불가능하게 될 것이다. 이런 원인을 연구하는 것이 역사가의 특수한 기능이다. 역사가가 인간 행동 가운데에서 결정된 측면에 특별한 관심을 갖는 것도 그 때문이라고 생각된다.

역사가는 자유의지를 거부하지 않는다. 단, 그것은 자유로운 행위에 원인이 없다는 괴상한 가설에 입각해서 하는 이야기가 아니다.

역사가는 필연성이라는 문제로 인해 고민하지도 않는다. 다른 사람들과 마찬가지로 역사가도 때로는 과장된 표현을 사용하여 어떤 사건을 '필연적'이라고 말할 때도 있기는 하지만, 그것은 사람들로 하여금 그 사건을 기대하게 하는 여러 요소의 결합관계가 압도적으로 강했다는 것을 뜻할 따름이다.

최근에 나는 이 불쾌한 말에 대한 나 자신의 경력을 조사해 보았는데, 나도 나 자신에게 완전무결한 건강 증명서를 줄 수는 없다.

어떤 대목에서 나는, 1917년의 혁명 후 볼셰비키와 그리스 정교회 사이의 충돌이 '필연적'이었다고 쓰고 있다. '개연성(蓋然性)이 매우 높았다'고 말하는 편이 훨씬 더 현명했을 텐데. 그러나 이런 정정은 어딘지 현학적인 면이 있지 않을까?

실제로 역사가는 어떤 사건이 일어나기 전까지는 그것을 필연적이라고 생각지 않는다. 역사가들이 자유롭게 선택할 수 있다는 가정 아래 이야기의 등장인물이 나아갈 수 있었던 다른 진로를 논하는 일은 흔히 있다. 그러나 역사가들은 결국 어째서 그 특정 진로가 선택되었는가 하는 것을 정확히 설명하는 일을 진행시키고 있는 것이다.

역사에서는 무슨 일에든지 다른 사건이 일어나려면 선행하는 원인도 달라야만 한다는 형식적인 의미에서가 아니라면 필연적인 것은 없다. 역사가인 이상 나는 '필연적인', '빠져나올 수 없는', '피할 수 없는', 아니 '모면할 길 없는' 따위의 말을 사용하지 않고도 일을 진행시킬 용의가 충분히 있다. 이런 말을 사용하지 않으면 인생은 더욱 단조롭게 되어버릴 것이다. 그러나 이런 말은 시인과 형이상학자에게 맡겨두기로 하자.

불가피성에 대한 이런 비난이 불필요하고 무의미하게 보이는 반면, 최근에 이 비난을 계속하려는 열정이 매우 높아지고 있는 듯하므로, 나로서는 그 이면에 숨은 동기를 밝히지 않을 수 없다.

짐작컨대 그 주된 근원을 이루는 것은, 사상적(아니, 그보다는 감정적)인 '가상(假想)'학파(might-have-been School)라고도 부를 수 있는 것이다. 이 학파는 전적으로 현대사에 결부되어 있다.

지난 학기의 일이지만, 이 케임브리지 대학에서 '러시아 혁명은 불가피했는가?'라는 제목의 강연회 광고를 본 적이 있다. 나는 그 강연회의 의도가 진지했음을 의심하지 않는다. 그러나 만일 여러분이 '장미전쟁은 불가피했는가?'라고 쓴 강연회의 광고를 본다면, 아마 무슨 농담은 아닌가 하고 생각할 것이다.

역사가는 노르만 민족의 정복이나 미국의 독립전쟁에 대해서 그 사건들이 실제로 일어나지 않을 수 없었던 듯이, 또 단지 무엇이 일어나고 왜 일어났는가를 설명하는 것이 역사가의 임무인 것처럼 쓰고 있다. 이 경우, 역사가를 결정론자라고 비난하거나, 정복왕 윌리엄이나 미국의 반란자들이 패배했을 수도 있다는 다른 가능성은 왜 논하지 않았는가 하고 비난하는 사람은 없다.

그러나 내가 1917년의 러시아 혁명에 대해 바로 이런 방법(역사가로서 유일하게 타당한 방법이지만)으로 쓴다면, 비평가들로부터 일어난 사건을 마치 일어나지 않을 수 없었던 것처럼 은연중에 묘사하고 있다, 일어났을지도 모르는 모든 사실에 대한 검토는 게을리하고 있다는 공격을 받을 것이다.

스톨리핀(Stolypin ; 러시아의 정치가. 1862~1911)이 농업개혁을 완성할 시간이 있었다고 가정하거나, 러시아가 참전하지 않았다고 가정한다면, 아마도 혁명은 일어나지 않았을 것이다.

또는 케렌스키 정부가 성공했다고 가정해 보자. 볼셰비키가 아니라 멘셰비키나 사회혁명당이 혁명의 주도권을 쥐었다고 가정해 보자는 것이다.

이론적으로는 이런 가정을 생각해 볼 수 있는 것이고, 우리는 역사상의 가상을 언제나 화제로 즐길 수 있는 것이다. 그러나 이것은 결정론과는 아무 관계도 없는 것이다. 결정론자의 경우, 그런 사실이 생기기 위해서는 또 다른 원인이 있어야 할 것이라고 대답하는 수밖에 없을 것이다.

마찬가지로 이런 가정은 역사와 아무 관계가 없다. 중요한 점은, 오늘날 아무도 노르만 민족의 정복이나 미국의 독립이 낳은 결과를 역전시키거나, 이 사건들에 대해서 항의하겠다고 진정으로 원하고 있지 않다는 것, 어느 누구도 역사가가 이 사건들을 하나의 완성된 장(章)으로 다루는 데 반대하고 있지 않다는 데에 있는 것이다.

그러나 직접적이든 간접적이든 볼셰비키의 승리의 결과로 인해서 손해를 본 사람들이나 그 결과로 인해 생길 먼 앞날의 결과를 두려워하는 사람들은 볼셰비키의 승리에 대한 자기 자신들의 항의를 기록에 남기고 싶어하는 것이 당연하다. 따라서 그들은 역사를 읽을 때 발생했을 수도 있는 더 유쾌한 사건에 대해서 마음대로 상상을 하고, 실제로 무슨 일이 일어났고 또 어째서 그들의 유쾌한 꿈이 실현되지 못했는가를 담담하게 설명하는 일을 계속하는 역사가에게 화를 내는 것이다.

현대사에 있어서의 난점은, 사람들이 아직도 모든 선택의 여지가 남아 있던 시기를 기억하고, 그런 선택이 기정사실에 의해서 불가능해졌다고 생각하는 역사가의 태도를 받아들이기 어렵다고 깨닫기 때문이다.

이것은 순전히 감정적이고 비역사적인 반응이나. 그러나 이것이야말로 '역시적 필연성'이라는 가정적 학설에 반대하는 최근의 운동을 크게 고무시켜 온 것이다. 우리는 당장 이런 함정에서 빠져나오자.

이런 공격의 또 다른 근거가 되는 것은, '클레오파트라의 코'라는 유명한 난문이다. 이것은, 역사란 일반적으로 우연의 연속이며 우연의 일치로 결정된 아주 변덕스러운 원인에만 의거한 일련의 사건이라는 이론이다.

악티움 해전(海戰)의 결과는 역사가가 일반적으로 주장하는 원인에 의한다기보다는 안토니우스가 클레오파트라에게 홀딱 반한 탓이다. 바야지드가 통풍(痛風) 때문에 중앙 유럽으로의 진격을 중지했을 때, 기번은 "한 사람의 한 가닥 힘줄에 생긴 심한 종기가 많은 국민들의 비참함을 방지하거나 연기시키는 수가 있다."[14]고 말했다.

그리스 왕 알렉산더가 1920년 가을 기르던 원숭이에게 물려서 사망했을 때, 이 일은 일련의 사건을 야기시켰고 윈스턴 처칠 경으로 하여금 "이 원숭이에 물려서 25만 명이 죽었다."[15]고 말하게 했다.

또한 트로츠키가 지노비예프, 카메네프, 스탈린 등과 논쟁을 하고 있던 1923년 가을, 결정적 순간에 오리 사냥을 하다가 열병 때문에 활동을 하지 못하게 된 적이 있는데, 이에 대해서 트로츠키는 이렇게 쓰고 있다.

"우리는 혁명이나 전쟁을 예견할 수는 있어도 가을의 오리 사냥이 가져오는 결과는 예견할 수 없다."[16]

우선 분명히 해두어야 할 것은, 이 문제가 결정론의 문제와는 전혀 관계가 없다는 것이다.

---

14 *Decline and Fall of the Roman Empire*, ch. 1xiv.
15 W. Churchill, *The World Crisis : The Aftermath*(1929) p.386.
16 L. Trotsky, *My Life*(Engl. transl., 1930), p.425.

안토니우스가 클레오파트라에게 홀딱 반했다거나 바야지드가 통풍에 걸렸다거나 트로츠키가 몸살이 난 것은 다른 모든 사건과 다름없이 인과적으로 결정되어 있는 것이다. 안토니우스가 반한 것이 아무런 이유가 없다고 한다면 클레오파트라의 미모에 대해 까닭없이 실례를 범하는 것이다. 다시 말해서, 여성의 아름다움과 남성이 반하는 것 사이의 관련은 일상생활 어디서나 볼 수 있는 흔한 원인과 결과들 중 하나이다.

이런 역사상의 소위 우연이라는 것은, 역사가가 그 연구에 몰두해 있는 가장 본격적인 인과관계를 중단시키는(이를테면 충돌한다고 해야 할) 인과의 연쇄를 말한다. 베리는 '두 개의 독립된 인과의 사슬간 충돌'[17]이라는 말을 했는데, 그것은 참으로 옳은 말이다.

벌린 경은 역사적 필연성에 관한 논문의 서두에 〈우연사관(偶然史觀)〉이라는 제목의 베런슨(Bernard Berenson ; 리투아니아의 미술 평론가. 1865~1959)의 논문을 인용하고 있지만, 벌린 경은 이런 의미의 우연과 인과적 결정의 결여를 혼동하고 있는 사람들 중 하나이다.

그러나 이 혼동은 미루어 두더라도, 여기에는 참으로 실질적인 문제가 있다. 말하자면, 우리가 생각하고 있는 연쇄가 다른 어떤(우리의 관점에서는 적절하지 못한) 연쇄에 의해서 언제 끊어질지, 또는 빗나갈지 모를 경우, 우리는 어떻게 역사 속에서 원인과 결과의 일관된 연쇄를 발견할 수 있는가, 또 어떻게 역사 속에서 그 의미를 찾아낼 수 있는가 하는 문제이다.

여기서 잠시 숨을 돌리면서 역사에서의 우연이 차지하는 역할에 대해서 최근에 널리 퍼져 있는 견해의 기원을 살펴보기로 하자.

---

[17] 이 문제에 관한 베리의 이론에 대해서는 *The Idea of Progress*(1920), pp.303~304를 참조할 것.

폴리비오스(Polybios)는 이 문제를 어느 정도 계통적으로 논한 최초의 역사가가 아닌가 생각된다. 그리고 기번은 재빠르게 그 이유를 밝혔다.

기번은 말했다.

"그리스 인은 자기 나라가 쇠약하여 로마의 한 속주(屬州)로 격하했을 때, 로마의 승리를 공화국의 우월함 때문이라고 보기보다는 그 행운 덕택이라고 생각했다."**18**

자기 나라가 쇠퇴하던 시대에 살았던 타키투스도 우연에 대해서 장황하게 늘어놓았던 또 한 사람의 고대 역사가이다.

20세기가 시작되면서 영국의 저술가들은 역사에 있어서의 우연의 중요성을 새로이 주장하게 되었는데, 이런 주장은 1914년 이후에 현저해진 불확실성과 불안한 분위기의 확산 속에서 생긴 것이다. 오랜 휴식기 뒤에 이런 주장을 제기한 최초의 영국 역사가는 베리였다고 생각된다.

베리는 1909년 〈역사에 있어서의 다위니즘〉이라는 논문에서 '우연의 일치'라는 요소에 사람들의 주의를 환기시키고, 그것이 '사회 진화의 여러 사건을 결정하는 데 크게 도움이 된다'고 주장했다. 1916년에는 〈클레오파트라의 코〉**19**라는 제목으로 이 주제에 대한 독립된 논문을 썼다.

1930년대에 피셔(H. A. L. Fisher)는 앞에서 인용한 구절에서(이것은 제1차 세계대전 이후 자유주의적 꿈이 깨지고 난 환멸을 반영하고 있지만) 역사에는 일정한 틀이 없다고 선언하고, 역사에 있어서의 '우연적인 것과 예견할 수 없는 것과의

---

18 *Decline and Fall of the Roman Empire*, ch. 38. 로마 사람들에게 정복당한 뒤 그리스 인이 역사적인 '가상'의 게임에 몰두하게 된 것은 흥미 있는 일이다. 이 게임은 패자가 좋아하는 위안이다. 그리스 인들은, 만일 알렉산더 대왕이 일찌감치 죽지 않았더라면 "서방 세계를 정복했을 것이고, 로마가 그리스 왕을 섬기도록 되었을 것이다."라고 말하고는 했었다(K.von Fritz, *The Theory of the Mixed Constitution in Antiquity*, N.Y., 1954, p.395.).

19 이 두 편의 논문은 I.B. Bury, *Selected Essays*(1930)에 수록되어 있다. 베리의 견해에 대한 콜링우드의 논평에 대해서는 *The Idea of History*, pp.148~150을 참조할 것.

작용'[20]을 인정하라고 독자에게 촉구하였다.

영국에서 역사를 우연의 연속으로 보는 이론이 인기를 끌기 시작한 것은(사르트르의 유명한 《존재와 무(無)》에서 인용하면) 실존은 '원인도 없고, 이유도 없고, 필요도 없다'고 주장하는 철학자의 한 집단이 프랑스에서 등장한 시기와 일치하고 있다.

앞서도 이미 말한 바와 같이 독일에서는 노련한 역사가 마이네케가 말년에 역사에 있어서 우연이 수행하는 역할에 강한 인상을 받고, 이것을 충분히 고려하지 않았다고 랑케를 비난했다.

마이네케는 제2차 세계대전 뒤에 과거 40년에 걸친 독일의 불행을 우연의 연속, 곧 카이사르의 허영심, 힌덴부르크의 바이마르 공화국 대통령 당선, 히틀러의 편집광적 성격 등에 돌리고 있지만, 이것은 조국의 불운에 압도된 나머지 한 위대한 역사가의 정신이 파산했음을 보여주는 것이다.[21]

역사적 사건의 절정이 아니라 그 골짜기를 지나가는 집단이나 국민 사이에서는 역사에 있어서의 기회나 우연의 역할을 강조하는 이론이 우세하게 마련이다. 시험성적 따위는 제비뽑기와 같다고 생각하는 견해는 열등생들 사이에 늘 인기가 있게 마련이다.

그러나 신앙의 근원을 폭로했다는 것이 그 신앙을 없애버리는 것은 아니다. 클레오파트라의 코가 역사의 많은 페이지에서 어떤 작용을 하고 있는가, 그것을 정확하게 밝히는 일이 남아 있다. 몽테스키외는 이와 같은 침입에 대항해서 역사의

---

[20] 토인비는 피셔의 이 말을 *A Study of History*, v, p.414에서 인용했는데, 완전히 오해하고 있음을 알 수 있다. 토인비는 이 말을 '우연의 만능이라는 근대 서구 신앙'의 산물이며, 이 신앙이 자유방임을 '낳았다'고 보는 것이다. 그러나 자유방임의 이론가들은 우연을 믿었다기보다는 인간 행동의 다양성에 자비로운 규칙성을 강요하는 보이지 않는 손을 믿었다. 게다가 피셔의 의견은 자유방임적 자유주의의 산물이라기보다 1920년대와 1930년대에 걸친 자유방임적 자유주의가 붕괴한 결과로 생겨난 것이다.

[21] 이러한 말은 W. Stark가 F. Meinecke, *Machiavellism* pp. xxxv~xxxvi 서론에서 인용되었다.

법칙을 지키려고 한 최초의 사람이다. 로마 인의 위대성과 몰락을 다룬 책에서 그는 이렇게 쓰고 있다.

"어떤 전쟁의 우연한 결과 같은 어떤 특수한 원인이 한 국가를 멸망시켰을 경우에는, 단 한 번의 전쟁으로 이 국가의 몰락을 재촉한 일반적인 원인이 있었던 것이다."

이 문제에 대해서는 마르크스주의자들까지도 상당한 곤란을 겪고 있다. 마르크스도 언젠가 어떤 편지를 통해서 유일하게 이 문제에 대해서 언급한 일이 있다.

"만일 세계사에 우연이 끼어들 여지가 없었다면, 세계사는 매우 신비로운 성격의 것이 되었을 것이다. 물론 우연 자체는 발전의 일반적 경향의 한 부분이 되고, 다른 형태의 우연에 의해서 메워진다. 그러나 발전이 늦고 빠르고는 이러한 '우연한 사건'에 의존하고, 이런 우연한 사건에는 처음 어떤 운동의 선두에 서는 사람들의 '우연한' 성격이 포함된다."[22]

이렇듯 마르크스는 역사에 있어서의 우연을 세 가지로 나누어서 변호하였다. 첫째, 역사에 있어서의 우연이란 그다지 중요하지 않다. 그것은 사건의 진로를 '빠르게' 하거나 '늦출' 수는 있지만, 그것을 근본적으로 변경시킬 수는 없다. 둘째, 하나의 우연은 다른 우연에 의하여 메워져서, 결국은 우연이 상쇄되어 버린다. 셋째, 우연은 특히 여러 개인의 성격에서 구체화된다.[23] 트로츠키는 몇 가지 우연이 서로 메워지고 상쇄된다는 이론을 다음과 같은 교묘한 유추에 의해서 보강하고 있다.

"역사의 모든 과정은 역사의 법칙이 우연적인 것을 통하여 굴절되는 일이다. 생물학상의 용어를 쓴다면, 역사의 법칙은 우연적인 것의 자연도태를 통하여 실

---

[22] Marx and Engels, *Works*(Russian ed.), xxvi, p.108.
[23] 톨스토이는 《전쟁과 평화》 에필로그 i에서 '우연'이나 '천재'나 인간의 궁극적 원인을 이해하는 능력이 결여되어 있다는 것을 증명하는 용어라고 보았다.

현된다고 말할 수 있다."²⁴

솔직하게 말해서 나는 이 학설이 불충분하고 신빙성이 없다고 생각한다. 사실 오늘날 역사에 있어서 우연의 역할은, 그 중요성을 강조하려는 사람들에 의해서 몹시 과장되어 있다.

그러나 우연은 분명히 존재하는 것이다. 다만 가속화시키고 늦추고 할 뿐이지 바꾸지는 않는다는 것은 말장난에 지나지 않는다. 게다가 우연적인 사건(예컨대 레닌이 54세의 나이로 일찍 죽은 것)이 다른 우연에 의하여 자동적으로 메워져서, 역사적 과정의 균형이 회복되었음을 믿어야 할 어떠한 이유도 눈에 띄지 않는다.

역사에 있어서의 우연이 단지 우리의 무지의 증거, 즉 우연이란 우리가 알 수 없는 어떤 것의 별명일 뿐이라는 견해 또한 타당하지 않다.²⁵ 확실히 가끔 그런 일이 있기는 하다.

별에도 그런 이름이 붙여진 일이 있다. 물론 '유성(遊星)'을 의미하지만, 그것은 이 별들이 멋대로 하늘을 돌아다니고 있다고 생각했던 시대의 일이다. 그 운동의 규칙성을 이해하지 못했던 것이다.

어떤 일을 불운이라고 설명하는 것은 그 원인을 규명하는 귀찮은 의무에서 벗어나려고 할 때 곧잘 이용되는 방법이다.

어떤 사람이 나에게 역사는 우연의 연속이라고 말한다면, 나는 그를 지적(知的)으로 게으르거나 지적 생명력이 나약하다고 생각할 것이다.

진지한 역사가에게는 평범한 이야기라서 새삼스레 말할 것도 없지만, 지금까지 우연한 것으로 생각되어 온 어떤 일이 결코 우연이 아니며, 합리적으로 설명될 수 있고, 보다 넓은 사건의 범주에 넣어서 그 의미를 분명하게 할 수 있는 경

---

24 L. Trotsky, *My Life*(1930), p.422.
25 톨스토이도 이와 같은 견해를 채택하였다. "우리는 비합리적인 사건, 다시 말해 그 합리성을 우리가 이해할 수 없는 사건으로 설명하려면 숙명론에 의존할 수밖에 없다." (*War and Peace*, Bk. IX, ch. i.)

우가 있는 법이다.

그러나 이것도 우리의 문제에 충분한 대답을 주지는 않는다. 우연이란 그냥 우리가 이해 못하는 어떤 것이 아니다. 역사에 있어서의 우연의 문제에 대한 해결은 전혀 다른 사고방식에서 구해야만 할 것이라고 생각한다.

이미 앞에서 본 바와 같이 역사는 역사가에 의해 사실의 선택과 정리가 된 후에야 비로소 역사적 사실이 되는 것이다. 모든 사실이 전부 다 역사적 사실은 아닌 것이다.

그러나 역사적 사실과 비역사적 사실의 구별도 엄격하거나 변하지 않는 것은 아니고, 말하자면 어떤 사실이든 그 의의와 중요성이 인정되기만 하면 역사적 사실이라는 지위로 승진하는 것이다. 이제 우리는 역사가가 원인을 밝혀낼 때도 이와 비슷한 과정을 밟게 된다는 것을 알 수 있다. 역사가와 원인의 관계는, 역사가와 사실의 관계와 같이 이중의 상호적인 성격을 띠고 있다.

원인이 역사적 과정에 대한 역사가의 해석을 결정함과 동시에 역사가의 해석이 원인의 선택과 정리를 결정한다. 여러 원인 사이의 상하관계, 그중 하나 또는 한 쌍의 원인이 지닌 상대적 중요성이야말로 역사가의 해석의 본질이다.

그리고 이것이 역사에 있어서의 우연의 문제를 푸는 실마리를 준다. 클레오파트라의 코 모양, 바야지드의 통풍, 알렉산더 대왕을 죽인 원숭이가 문 상처, 레닌의 죽음 등은 역사의 흐름을 바꿔놓은 우연이었다. 이러한 우연을 어디에다 숨기려고 하거나, 또 그것들은 무의미한 것이었다고 시치미를 떼어봐야 다 헛일이다.

한편, 이런 일들이 완전히 우연히 일어난 일인 이상 역사의 합리적 해석 속에도, 그리고 역사가의 중요한 원인들의 상하관계 속에도 끼여들지 못한다.

포퍼 교수나 벌린 교수의 생각에 의하면(내가 이 사람들을 몇 번씩 인용하는 것은 둘 다 이 학파의 가장 탁월하고 그 저서가 널리 읽혀지고 있는 대표자이기 때문이다) 역사적 과정에서의 의미를 발견하고 거기서 결론을 끌어내려는 역사가의 시도는, 결국 '경험의 전체'를 균형잡힌 질서로 생각하자는 시도 바로 그것이다. 역사에 있어서의 우연의 존재는 이 시도를 실패로 돌리고 만다는 것이다.

그러나 제정신을 가진 역사가라면 '경험의 전체'를 기술할 만큼 공상적인 행동을 하겠다고 말하지는 않을 것이다. 역사가는 자기가 선택한 역사의 어떤 부분이나 측면에 대해서조차 사실의 하찮은 단편들밖에 기술해 넣을 수가 없는 것이다.

과학자의 세계도 마찬가지이지만, 역사가의 세계란 실제 세계를 그대로 촬영하는 것이 아니라 오히려 유효성에 있어서 다소간 차이가 있다고 해도 현실의 세계를 이해시키고 정복시키는 작업 모델인 것이다.

역사가는 과거의 경험으로부터, 그것도 그의 손이 미치는 한 과거의 경험에서 합리적인 설명이나 해석이 가능하다고 인정되는 부분을 간추려 행동의 지침이 될 만한 결론을 이끌어내는 것이다.

요즈음 인기 있는 한 저술가가 과학의 성과에 대해서 인간 정신의 과정을 다음과 같이 눈으로 보듯 묘사했다.

"인간의 정신은 관찰된 '사실'을 담은 넝마자루 속을 휘저어, 거기서 관찰된 '의미 있는' 사실을 골라내어 계속 이으면서 하나의 정형으로 만드는 한편, '무의미한' 것은 버리고 비로소 지식이라는 논리적이고 합리적인 편물을 짜낸다."[26]

지나친 주관주의의 위험을 약간씩 감안한다면, 나도 이 말을 역사가의 정신작용을 묘사한 것이라고 인정하고 싶다.

이와 같은 절차는 철학자들에게는, 아니, 몇몇 역사가들에게는 당혹과 충격을 줄지도 모른다. 그러나 실제 생활의 문제로 고생하고 있는 평범한 사람들에게는

---

[26] L. Paul, *The Annihilation of Man*(1944), p.147.

하등 신기한 이야기가 아니다.

실례를 들어보면, 존스가 어느 파티에서 평소의 주량보다 많은 술을 마신 후 브레이크가 고장난 자동차를 몰고 돌아가다가 앞이 막힌 막다른 모퉁이에 이르러, 그 모퉁이의 가게에서 담배를 사기 위해 길을 건너던 로빈슨을 치어 죽였다.

혼란이 수습된 뒤, 우리는(이를테면 경찰서에서) 이 사건의 원인을 조사하기 위하여 만났다.

이 사고는 운전자가 술이 취한 상태였기 때문에 일어난 것인가? 만약 그렇다면, 이 경우는 형사사건에 해당된다. 또는 고장난 브레이크가 원인이었던가? 이 경우에는 1주일 전에 그 차를 분해하여 고쳤던 정비공장에 책임이 있다. 그렇지 않으면 막다른 모퉁이가 있었기 때문인가? 이 경우에는 도로를 관리하는 당국에 책임이 있을 것이다.

우리가 이런 실제적인 문제를 검토하고 있는 방에 저명한 두 신사가(이름은 밝히지 않겠지만) 들어와서, 만일 로빈슨의 담배가 남아 있었다면 그 길을 건너지도 않았을 것이고 차에 치어 죽지도 않았을 것이다, 따라서 담배를 피우고 싶은 욕구야말로 로빈슨의 죽음에 대한 원인이다, 이런 원인을 간과해 버린 조사는 모두 시간 낭비이며, 여기서 나온 결론은 모두 무의미하고 무익하다고 능숙한 말솜씨로 떠들기 시작했다.

그렇다면 우리는 어떻게 해야 할까? 우리는 청산유수 같은 달변을 간신히 가로막고, 이 두 방문자를 정중하게, 그러나 단호하게 문밖으로 내밀고 이들을 다시는 들이지 말라고 수위에게 지시한 후 다시 우리의 조사를 계속할 것이다.

그런데 우리는 이 침입자들에게 뭐라고 대답할 것인가? 물론 로빈슨은 담배를 피우는 사람이었기 때문에 죽었다. 역사에 있어서의 기회와 우연을 믿는 사람들이 하는 말은 모두 다 거짓 없는 진실이고, 나무랄 데 없이 논리적이다.

그것은 《이상한 나라의 앨리스》《거울 속의 세계》에서 볼 수 있는 것과 같은 독특한 논리가 있다. 나는 옥스퍼드 풍(風)의 훌륭한 본보기인 이런 작품을 칭찬하는 데 있어서 그 누구에게도 뒤떨어지지 않지만, 그것과는 다른 내 나름의 논리를 따로 간직하고 싶다. 이 작품들의 작자인 도지슨(Dodgson)의 방식은 역사의 방식이라고 할 수가 없다.

그러므로 역사는 역사적 의미라는 관점에서 본 선택의 과정이다. 다시 한번 탤콧 파슨스의 말을 빌리면, 역사란 실재(實在)에 대한 단순한 지적인 태도라기보다는 인과적인 태도의 '선택적 체계'이다.

역사가가 자기의 목적에 맞는 의미 있는 사실을 드넓은 사실의 바다에서 가려내는 것처럼 역사적으로 의미 있는 인과의 연속, 그것만을 무수한 원인과 결과의 연쇄 속에서 뽑아내는 것이다.

그리고 역사적 의미의 기준은, 그가 생각하고 있는 논리적인 설명과 해석의 틀 속에 사실을 넣어 맞추는 그의 능력을 말하는 것이다.

다른 원인과 결과의 연쇄가 우연적인 것으로서 배척되는 것은, 원인과 결과의 관계가 다르기 때문이 아니라 연쇄 그 자체가 무의미하기 때문이다. 역사가는 이런 연쇄를 처리할 방도가 없는 것이다. 그것은 합리적 해석으로도 감당할 수 없고, 과거나 현재로 봐서 무의미한 것이다.

클레오파트라의 코, 바야지드의 통풍, 원숭이에게 물린 알렉산더의 상처, 레닌의 죽음, 로빈슨의 흡연 습관이 어떤 결과를 일으킨 것은 분명하다. 그러나 장군들이 아름다운 여왕에게 정신이 팔렸기 때문에 전투에 졌다든가, 왕이 원숭이를 총애했기 때문에 전쟁이 일어났다든가, 애연가였기 때문에 차에 치어 사망했다고 주장하는 것은 일반적인 명제로서는 무의미하다.

그런데 여러분이 평범한 사람에게 로빈슨이 차에 치어 죽은 것은 운전자가 술에 취했기 때문이라든가, 브레이크가 고장났기 때문이라든가, 도로에 막나른 모퉁이가 있었기 때문이라고 한다면, 그 사람은 이 말을 아주 합리적이고 현명한 설명이라고 말할 것이다. 또 그 사람이 까다로운 성격의 소유자라면, 이것이(담배를 피우고 싶은 로빈슨의 욕망이 아니라) 로빈슨의 죽음에 대한 '진정한' 원인이라고까지 말할 것이다.

마찬가지로 역사 연구가에게 1920년대 소련 국내의 투쟁은 공업화의 속도 때문이라든가, 농민에게 자극을 주어 도시를 살찌우기 위한 식량증산의 최선책 등에 관한 논쟁 때문이라든가, 서로 경쟁하는 지도자들의 개인적 야심 때문이라고 말한다면, 그는 이것이야말로 다른 역사적 상황에도 적용할 수 있다는 의미에서 합리적이고 역사적으로 의의 있는 대답이라고 생각할 것이며, 레닌이 일찍 죽었다는 우연이 '진정한' 원인이 아니라 이것이 사건의 '진정한' 원인이라고 생각할 것이다.

또 그가 이러한 문제를 깊이 생각하는 사람이라면, 그는 "합리적인 것은 현실적이고, 현실적인 것은 합리적이다."라는 《법철학》 서문의, 잘 인용되는 한편 잘 오해받는 헤겔의 말을 상기할 것이다.

잠시 로빈슨의 사망 원인으로 되돌아가 보자.

몇 가지 원인 가운데 어떤 것이 합리적이고 '진정한' 것이며, 다른 것은 비합리적이고 우연적이라는 것은 금방 알아낼 수 있었다. 그런데 우리는 어떤 기준에 의해 이렇게 구별했는가?

이성이라는 능력은 보통 어떠한 목적을 위해서 사용된다. 때때로 지식인층은 이성을 장난으로 사용하기도 하고, 자기는 이성을 사용한 줄 안다고 생각하는 법이다. 그러나 일반적으로 말할 때, 인간은 어떤 목적을 위해서 이성을 사용한다. 따라서 어떤 설명은 합리적이고 다른 설명은 합리적이지 못하다고 인정했을 때, 우리는 그 목적에 유용한 설명과 그렇지 못한 설명을 구별하고 있다고 생각한다.

여기서 문제가 되는 경우에 대해 언급하자면, 운전사의 음주운전을 막고, 브레이크의 상태를 엄격하게 검사하고, 도로의 배치를 개선한다면, 교통사고에 의한 사망자의 수를 줄이려는 의도에 맞을 것이라고 생각하는 것은 뜻있는 일이다. 그러나 흡연을 금지해야 교통사고에 의한 사망자가 줄어들게 될 것이라고 생각하는 것은 전혀 무의미하다. 이것이 우리가 구별한 기준이었다.

그리고 이것은 역사에 있어서의 원인에 대한 역사가의 태도에도 마찬가지로 해당된다. 역사에서도 우리는 합리적 원인과 우연적 원인을 구별한다. 전자는 다른 나라, 다른 시대, 다른 조건에도 기능적으로 적용될 수 있기 때문에 유효성이 있는 일반화를 낳고, 따라서 거기서 교훈을 얻을 수가 있다. 그것은 우리의 이해력에 깊이와 넓이를 주는 작용을 한다.[27]

우연적 원인은 일반화될 수 없다. 그것은 어디까지나 특수한 것이므로, 어떤 교훈도 주지 않고 어떤 결론도 낳지 않는다.

그러나 여기서 나는 또 한 가지 주장을 하지 않을 수 없다. 역사에 있어서의 인과관계에 관한 논의의 열쇠가 되는 것은 바로 앞에서 살펴본 목적이라는 관념이다. 그리고 목적의 관념은 필연적으로 가치판단을 포함하는 것이다.

지난번 강연 때도 말한 것처럼 역사에 있어서의 해석은 항상 가치판단과 결부되어 있고, 인과관계는 해석과 연계된다.

마이네케(저 위대한 1920년대의 마이네케)의 말을 빌리면 '역사에 있어서의 인과관계를 파악하는 것은 가치와 관련되지 않고는 불가능하다……. 인과관계 탐구의 배후에는 직접적이건 간접적이건 언제나 가치의 탐구가 가로놓여 있는 것'[28]

---

27 포퍼 교수도 이와 같은 문제에 맞닥뜨렸으나 그것을 간과해 버렸다. '근본적으로 암시성과 임의성(이 두 말의 정확한 의미가 무엇이든 간에)과 같은 수준에 있는 해석의 다양성'을 인정한 다음, 거기에 덧붙여서 말했다. "그중 어떤 것은 분명히 유효한 것이다. 이것은 어느 정도 중요한 문제의 하나이다."(*The Poverty of Historicism*, p.151) 이것은 어느 정도 '역사주의'가 결코 빈곤한 것이 아님을 입증할 만큼 중요한 것이다

28 *Kausalitäten und Werte in der Geschichte*(1928), F. Stern, *Varieties of History*(1957). pp. 268, 273에 영역(英譯)이 있다.

이다.

 그리고 이 말은 내가 앞에서 말했던 역사의 이중적 상호기능, 즉 현재에 비추어 과거에 대한 우리의 이해를 진척시키고, 과거에 비추어 현재에 대한 우리의 이해를 진척시킨다는 상호기능을 떠올리게 할 것이다. 안토니우스가 클레오파트라의 코에 반한 것 같은, 이중적 목적에 도움이 되지 않는 이런 일은 역사가의 관점에서 본다면 모두 죽어버린 것이고 쓸모없는 것이다.

 여기에서 나는 지금까지 여러분에게 써온 약간 떳떳치 못한 속임수를 고백하는 게 좋을 것 같다. 여러분은 이 속임수를 쉽게 간파했을 것이고, 또 많은 경우에 이 속임수가 내 말을 간결하고 단순하게 해주었으므로, 여러분은 이미 간편화를 위한 편리한 방편으로 간주하여 용서했을 것이다.

 나는 지금까지 '과거와 현재'라는 편리한 말을 줄곧 사용해 왔다. 그러나 다 알다시피, 현재란 과거와 미래를 가르는 가공(架空)의 선이라는 관념적 존재에 불과하다.

 현재에 대해 얘기할 때, 나는 이미 현재와는 다른 시간적 차원을 논의 속에 스며들게 하고 있는 것이다.

 과거와 미래는 동일한 시간선상의 일부이기 때문에, 과거에 대한 관심과 미래에 대한 관심이 연결되어 있다는 것은 쉽게 알 수 있을 것이다.

 선사시대와 역사시대를 나누는 선은, 사람들이 현재에만 관심을 두지 않고 그 과거와 미래에 대해서 의식적인 관심을 갖게 될 때 끊어지는 것이다. 역사는 전통의 계승과 더불어서 시작되는 것이고, 전통은 과거의 습관이나 교훈을 미래에까지 전달하는 것을 의미한다. 과거의 기록을 보존하는 것은 미래의 세대를 위한 일이다.

 "역사적 사유(思惟)는 언제나 목적론적(目的論的)이다."[29]라고 네덜란드의 역사가 호이징가는 말한다. 찰스 스노 경은 최근에 러더퍼드에 대해서 "모든 과학자와 마찬가지로…… 그는 그 뜻을 거의 생각지도 않고 미래를 깊이 느끼고 있었다."[30]라고 말했다.

내가 생각하기에, 뛰어난 역사가들은 의식적이든 아니든 미래에 대해 깊이 느끼고 있는 것 같다. 또한 역사가는 '왜?'라는 물음 이외에도 '어디로?'라는 물음을 제기하는 것이다.

---

[29] J. Huizinga, *Varieties of History*, ed. F. Stem(1957), p.293에 영역되어 있다.
[30] *The Baldwin Age*, ed. John Raymond(1960), p.246.

진보로서의 역사 5장

30년 전 포위크(Powicke) 교수가 옥스퍼드의 근대사 칙임강좌의 교수로 취임 연설을 했는데, 그 한 구절을 인용함으로써 이야기를 시작하기로 하자.

"역사에 대한 해석 욕구는 매우 뿌리 깊은 것이므로, 과거에 대해서 어떤 건설적인 의견을 갖지 않으면 우리는 신비주의나 냉소주의에 빠지고 만다."[1]

'신비주의'라는 것은 역사의 의미가 어딘가 역사 밖에, 즉 신학이나 종말론(終末論)의 영역에 있다는 베르댜예프(Berdyaev)나 니부어나 토인비[2] 같은 저술가의 견해를 나타내는 것으로 생각된다.

'냉소주의'는 지금까지 몇 번이나 예를 들어 왔지만, 역사에는 아무 의미도 없다, 또는 어느 것이나 특별한 차이가 없는 많은 의미를 가지고 있다, 또는 무엇이나 자기가 선호하는 의미를 역사에 부여할 수 있다는 견해이다.

이 두 견해는 아마도 오늘날 가장 대중적인 역사관일 것이다.

그러나 나는 서슴지 않고 두 견해를 물리치겠다. 그러고 나면 우리 손에는 '과거에 대한 건설적인 견해'라는 색다른, 그러나 암시적인 말이 남는다. 포위크 교수가 어떤 생각으로 이런 주장을 했는지 알 수 없으므로, 이 말에 대한 내 나름의

---

[1] F. Powicke, *Modern Historians and the Study of History*(1955), p.174.
[2] 토인비가 낭낭하게 수상아고 있듯이 '역사는 신익이 뛰어비리고 믿다.'

제5장 진보로서의 역사 137

해석을 붙여볼까 한다.

아시아의 고대 문명도 마찬가지이지만, 그리스와 로마의 고대 문명은 근본적으로 비역사적이었다. 앞에서도 말했던 것처럼 헤로도토스는 역사의 아버지이긴 했지만 자식을 별로 낳지 못했다. 그리고 고전적 고대의 저술가들은 대부분 과거에 대해서나 미래에 대해서 거의 관심이 없었다.

투키디데스는 자기가 기술하는 사건 이전의 시대에는 중요한 일이 일어나지 않았고, 앞으로도 중요한 일이 일어나지 않을 것이라고 믿었다. 루크레티우스는 미래에 대한 인간의 무관심을 과거에 대한 인간의 무관심에 비추어 이렇게 말했다.

"우리가 태어나기 전에 지나간 영원의 시간은 우리와 전혀 관계가 없다는 사실을 생각해 보라. 이러한 사실은 자연이 우리의 사후(死後) 미래의 시간을 비추어 주는 하나의 거울이다."[3]

밝은 미래에 대한 시적(詩的)인 환상이 과거의 황금시대로 돌아가고자 하는 환상의 형태가 된 것으로서, 역사의 과정을 자연의 과정과 동일시한 순환론적인 사고이다.

역사는 어딘가를 향해 나아가는 것이 아니었다. 그것은 과거라는 의식도 없고 마찬가지로 미래라는 의식도 없었기 때문이다. 베르길리우스는 《목가(牧歌)》 제4편에서 황금시대로의 복귀라는 고전적인 모습을 드러내고 있지만, 《아이네이스》에서는 순환적인 견해를 깨뜨려 보려고 했다. '나는 광대한 영토를 물려주었노라'고 한 것은 매우 고전적인 사상이며, 그로 인하여 얼마 후에 베르길리우스는 거의 기독교적인 예언자로 인정받게 되었던 것이다.

역사적 과정이 나아가는 전방에 하나의 목표점을 가정함으로써 아주 새로운

---

[3] *De Rerum Natura*, iii, pp.992~995.

요소를(목적론적 역사관을) 끌어들인 것은 유대인들이었고, 나중에는 기독교도였다. 이리하여 역사는 그 의미와 목적을 갖게 되었지만, 그 대신 현세적인 성격을 잃고 말았다.

역사의 목표점에 도달한다는 것은 자동적으로 역사의 종말을 의미한다. 다시 말해서, 역사 그 자체가 변신론(辯神論)이 된 것이다. 이것이 중세적 역사관이었다.

르네상스는 인본주의 세계라든가 이성 우위 같은 고전주의적 견해를 부활시키고, 더욱이 고전적인 비관주의적 미래관 대신 유대·기독교적 전통에서부터 내려오는 낙관주의적인 견해를 수립했다. 이리하여 전에는 우리를 혐오하고 괴롭게 하던 시간이 이제는 친절하고 창조적인 것이 되었다. 호라티우스의 "시간의 흐름과 더불어 사멸하지 않는 것이 있는가?"라는 말과 베이컨의 "진리는 시간의 딸이다."라는 말을 비교해 보라.

근대의 역사 기술의 창시자인 계몽주의 시대의 합리주의자들은, 유대·기독교적 목적론을 여전히 간직하고 있었지만, 그 목표를 현세화했다. 그리하여 그들은 역사적 과정 그 자체의 합리적인 성격을 회복할 수 있었다.

역사는 지상에서의 인간 상태의 완성이라는 목표를 향해 진보하였다. 기번은 영국 계몽주의 시대의 최대의 역사가이지만, 그 주제의 성질상 '세계의 각 시대는 인류의 진정한 부(富), 행복, 지식, 그리고 아마도 미덕까지도 증진시키고 있다는 유쾌한 결론'[4]을 기록하는 데 주저하지 않았다.

---

[4] Gibbon, *The Decline and Fall of the Roman Empire* ch. 38. 이렇게 탈선한 것은 서로마 제국의 멸망을 말할 때였다. *The Times Literary Supplement* 18 November 1960에서 이 문장을 인용하며 한 비평가는 이것이 기번의 진의인가 하는 점을 문제로 삼았다. 한 저술가의 견해는 흔히 자기가 연구 중인 시기보다는 자기가 살고 있는 시기를 반영하는 것이다. 이것은 비평가들이 20세기 중엽 자기 자신들의 회의주의를 18세기 말의 저술가들에게 전가시키고사 하고 있는 점에서도 충분히 살 알 수 있는 진리이다.

진보의 신앙은 영국의 번영, 세력, 그리고 자신감이 한창인 때 절정에 이르렀다. 그리고 영국의 저술가들과 역사가들은 그러한 신앙의 가장 열성적인 신자가 되었다.

이런 현상은 설명할 필요도 없을 정도로 잘 알려져 있으므로 몇 가지 인용을 시도하여 최근에도 진보의 신앙이 여전히 우리 사고방식의 기저에 깔려 있다는 증거를 보여주는 것으로 충분할 것이다.

액턴은 내가 첫번째 강연 때 인용한 저서 《케임브리지 근대사》의 계획에 관한 1896년의 보고서에서 역사는 '진보적인 과학'이라고 말하고, 그 제1권의 서론에서는 "우리는 역사를 쓸 때의 과학적 가설로서 인간사에 있어서의 진보를 전제로 하지 않을 수 없다."고 쓰고 있다.

또 1910년에 출판된 이 책의 마지막 권에서 대학시절 나의 지도교수였던 댐피어(Dampier ; 영국의 과학사가. 1867~1952) 교수는 '자연의 자원에 대한 인간의 힘도, 인류 복지를 위한 자원의 슬기로운 이용도, 미래에는 무한히 발달할 것'[5]이라고 확신하였다.

내가 앞으로 말하려고 하는 내용으로 미루어 솔직하게 인정하고 싶은 것은, 나 자신이 그런 분위기 속에서 교육받아 왔으며, 나보다 15세 연장인 러셀의 "나는 빅토리아 시대 낙관주의가 무르익었을 때 출생하고 성장했다……. 나에게는 당시의 안일함과 희망이 아직도 남아 있다."[6]는 말에 서슴없이 찬성한다는 것이다.

베리가 《진보의 관념》이라는 책을 쓴 1920년에는 그 전에 비하면 이미 황량한 분위기가 지배적이었으며, 그는 당시의 경향에 따라 '러시아에서 현재의 공포정치를 수립한 공론가(空論家)들'에게 그 책임을 돌려 비난했지만, 그러면서도 그

---

[5] Cambridge Modern History : Its Origin, Authorship and Production(1907), p.13 ; Cambridge Modern History, i(1902), p.4 ; xii(1910), p.791.
[6] B.Russell, Portraits From Memory(1956), p.17.

는 여전히 진보를 '서양 문명을 생생하게 하고 움직이는 관념'⁷이라고 말했다.

그 후로 이런 이야기는 들리지 않았다. 러시아의 니콜라이 1세는 '진보'라는 말의 사용을 금지하는 명령을 내렸다고 하지만, 오늘날에는 서구의, 심지어 미국의 철학자와 역사가들까지도 이제 와서야 니콜라이 1세에 찬성하고 있다. 진보의 가설이 논파된 것이다.

서양의 몰락은 이제 인용부호가 필요없을 만큼 흔한 말이 되어버렸다. 그러나 요란스레 떠들어대는 소리를 제쳐놓는다면 실제로 일어난 일은 무엇인가? 이 새로운 사조는 누구의 손으로 만들어졌는가? 일전에도 러셀의 "전반적으로 백 년 전에 비하면 오늘날의 세계에는 자유가 훨씬 적다."⁸라는 말을 듣고 은근히 놀랐지만, 내가 아는 한도에서는 강한 계급적 편견을 나타낸 그의 유일한 말인 것 같다.

나에게는 자유를 재는 자도 없고, 또한 다수자의 자유의 증대와 소수자의 자유의 감소를 저울질하는 법도 알지 못한다. 그러나 어떠한 측정 기준에서 보더라도, 러셀의 말은 터무니없는 것으로 생각된다.

오히려 나로서는 A. J. P. 테일러가 이따금 우리에게 들려준 저 옥스퍼드의 대학생활에 관한 매력적인 묘사에 더욱 마음이 끌리는 것이다.

그의 말에 의하면, 문명의 몰락에 관한 모든 논의는 '옛날의 대학교수는 하녀를 부리는 데 익숙했지만, 지금의 대학교수는 식사 후 자기가 손수 설거지를 한다는 사실을 의미할 뿐'⁹이다.

물론 과거에 하녀였던 사람들의 입장에서 본다면 대학교수가 설거지를 한다는 것도 진보의 상징일 수는 있다.

---

7 I.B. Bury, *The Idea of Progress*(1920), pp. vii~viii.
8 B. Russell, *Portraits From Memory*(1956), p.124.
9 *The Observer*, 21 June, 1959.

아프리카에서 백인의 우월성이 상실된 것은 대영제국 옹호자, 아프리칸더 공화당원, 금광주(金鑛株)나 동광(銅鑛)주의 투자가들에게는 걱정거리겠지만, 다른 사람들에게는 진보라고 생각될 수도 있는 것이다. 이 진보의 문제에 있어서 1890년대의 의견보다 1950년대의 의견을, 러시아, 아시아, 아프리카의 의견보다 영어 사용 세계의 의견을, 맥밀런(Macmillan) 씨에 따르면 결코 지금보다 더 행복한 생활을 한 적이 없는 시민의 의견보다 중류 계급 인텔리들의 의견을 옳다고 생각해야 할 이유가 무엇인지 나로서는 알 수가 없다.

그래서 우리는 진보의 시대에 살고 있는가 아니면 몰락의 시대에 살고 있는가 하는 문제에 판단을 내리는 것을 잠시 뒤로 미루고 진보의 개념에는 무엇이 포함되어 있는가, 그 기저에는 어떤 전제가 깔려 있는가, 그 전제는 어느 정도까지 유지할 수 없는 것인가 하는 점들을 좀더 자세히 살펴보기로 하겠다.

우선 진보와 진화에 대한 혼란부터 정리해 둘까 한다.

계몽주의 시대의 사상가들은 명백하게 상충하는 두 가지 견해를 믿었다. 그들은 자연의 세계에서의 인간의 지위를 인정하려고 노력했으며, 따라서 역사의 법칙은 자연의 법칙과 같은 것이라고 생각했다. 반면에 그들은 진보를 믿었던 것이다.

그러나 어떤 근거로 자연을 진보하는 것으로, 곧 목표를 향해 끊임없이 전진하는 것으로 취급했는가?

헤겔은 진보하지 않는 자연과 진보하는 역사를 분명히 구별하여 이 난점을 극복했다. 다윈의 혁명은 진화와 진보를 동일시함으로써, 즉 역사와 마찬가지로 자연도 결국은 진보하는 것이라고 판명함으로써 모든 곤란은 제거된 듯이 보였다.

그러나 이것은 진화의 근원인 생물학적 유전과 역사상의 진보의 근원인 사회적 획득을 혼동함으로써 훨씬 중대한 오해의 길을 열었던 것이다.

이러한 구별은 누구나 알고 있고 뚜렷한 것이다. 유럽 인이 낳은 아이를 중국인 가정에 맡기면, 그 아이는 피부는 희지만 중국어를 쓰는 성인이 될 것이다. 피부색은 생물학적 유전이지만, 언어란 인간의 뇌수활동을 통해서 전해지는 사회적 획득물이다.

유전에 의한 진화는 몇천 년이라든가 몇백만 년을 단위로 측정되는 것이며, 유사 이래 인간에게는 아직 이렇다 할 생물학적 변화가 일어나지 않은 것으로 알려져 있다.

획득에 의한 진보는 세대를 단위로 측정할 수 있다. 이성적 존재로서의 인간의 본질은, 인간이 지난 여러 세대의 경험을 축적함으로써 자기의 잠재적인 능력을 발전시켜 나아가는 데 있다.

현대의 인간이라고 해서 5천 년 전의 조상보다 더 큰 뇌수를 가진 것도 아니고, 선천적으로 뛰어난 사고능력을 가진 것도 아니다. 그러나 현대인의 사고는 그 뒤의 여러 세대에 걸친 경험에서 배우고, 그것을 자기의 경험 속에서 통합했기 때문에 그 유효성이 몇 배나 늘어난 것이다.

획득형질의 유전은 생물학자들이 부정하는 것이지만, 이것이야말로 사회적 진보에 있어서는 기초가 된다. 역사라는 것은 획득된 기술이 세대에서 세대로 전승됨으로써 이루어진 진보를 말하는 것이다.

둘째로, 우리는 진보를 명확한 시작이나 종말이 있는 것처럼 생각할 필요도 없고, 또 그렇게 생각해서도 안 된다.

50년 전에 비하면 그 인기가 떨어졌지만, 문명은 기원전 4000년에 나일 강 유역에서 발생되었다는 믿음이 있다. 오늘날 이 믿음은 천지창조가 기원전 4004년에 되었다고 한 연대기(年代記)와 마찬가지로 믿을 것이 못 된다. 문명의 탄생은 진보의 가설을 위한 하나의 출발점이라고 볼 수는 있겠지만, 문명은 결코 발생된 것이 아니라 한없이 완만한 발전의 과정이며, 이따금 거기에 어떤 특수한 비약이 이루어졌던 것 같다.

우리는 진보(문명)가 언제부터 시작되었느냐는 문제로 고민할 필요가 없다. 진보의 명확한 종말이라는 가설은 다시 더 중대한 오해를 낳았다.

헤겔은 프로이센 왕국을 진보의 끝으로 봄으로써(이것은 예언의 불가능성에 대한 자기 자신의 견해를 무리하게 해석한 결과이다) 비난을 받아왔는데, 이것은 당연한 일이다.

빅토리아 시대에 그 이름이 알려진 아널드 오브 러그비(Arnold of Rugby)는 헤겔을 능가하는 탈선을 했는데, 그는 1841년 옥스퍼드의 근대사 칙임 강좌의 교수가 되었을 때 취임 연설에서, 현대사는 인류역사의 맨 마지막 단계일 것이라고 생각하여 "이제 시간이 꽉 차서 현대사 다음에 올 미래의 역사는 없는 듯이 생각된다."[10]고 말했다.

프롤레타리아 혁명이 계급 없는 사회라는 궁극적인 목적을 실현시킬 것이라고 한 마르크스의 예언은 논리적으로나 도덕적으로나 약점이 적지만, 역사의 종말에 대한 가정은 역사가보다 오히려 신학자에게 어울리는 종말론적 색채를 가지며, 역사의 밖에 목표를 설정하는 오류로 되돌아가는 것이다.

확실히 명확한 종말이라는 것은 인간들에게 매력적이고, 역사의 전진은 자유를 향한 그칠 줄 모르는 진보라고 본 액턴의 비전은 차갑고 막연하다는 느낌을 준다.

그러나 만일 역사가가 진보의 가설을 지켜야 한다면, 진보를 하나의 과정으로서, 즉 계속되는 각 시대의 요구나 조건이 저마다의 독특한 내용을 이에 투입하는 과정으로 생각할 각오를 해야 한다고 생각한다.

---

10 T. Arnold, *An Inaugural Lecture on the Study of Modern History*(1841), p.38.

그리고 이것이야말로, 역사는 단순한 진보의 기록이 아니라 '진보적인 과학'이라고 한 액턴의 주장의 의미인 것이다. 만일 여러분이 바란다면, 역사는 두 가지의 의미에서(사건의 진로와 그 사건의 기록으로서) 진보하는 것이라고 바꾸어 말할 수도 있다. 역사에 있어서 자유의 전진에 관한 액턴의 서술을 상기해 보자.

"빠른 변화에도 불구하고 진보가 늦었던 지난 4백 년 동안, 자유가 지켜지고 굳혀지고 넓혀져서 마침내 이해되기에 이른 것은, 폭력과 끊임없는 부정의 지배에 저항하여 약자들이 어쩔 수 없이 기울인 집단적 노력 때문이다."**11**

액턴은 사건의 과정으로서의 역사를 자유를 향한 진보라고 생각하고, 이런 사건의 기록으로서의 역사를 자유의 이해를 향한 진보라고 생각했다. 이 두 과정은 함께 진행해 왔다.**12**

철학자 브래들리(Bradley)는 진화의 유추(類推)가 풍미하던 시대에 저술활동을 한 사람이지만, 그는 "종교적 신앙에 있어서 진화의 목적은…… 이미 진화된 것으로서 나타난다."**13**고 말했다.

그러나 역사가에게 있어서 진보의 목적은 이미 진화된 게 아니다. 그것은 아직도 끝없이 먼 곳에 있으며, 그 표적은 우리가 더 전진해야만 볼 수 있는 것이다. 그렇다고 해서 그 중요성이 감소되는 것은 아니다.

나침반은 소중하며 참으로 없어서는 안 될 길잡이이다. 그러나 그것은 갈 길을 제시한 지도는 아니다. 역사의 내용은 우리가 그것을 경험함으로써만 실현될 수 있다.

---

11 Acton, *Lectures on Modern History*(1906), p.51.
12 K. Mannheim, *Ideology and Utopia*(Engl. transl.,1936), p.236. 인간의 '역사를 형성하려는 의지'와 '역사를 이해하기 위한 능력' 과 결부되어 있다.
13 F.H. Bradley, *Ethical Studies*(1876), p.293.

제5장 진보로서의 역사 _ 145

셋째 논점은, 정상적인 인간은 역전(逆轉)도 탈선도 중단도 없이 계속된 진보를 믿은 적이 없으며, 따라서 명확한 역전까지도 이 믿음에 반드시 치명적인 것은 아니라는 것이다. 분명히 진보의 시대가 있듯이 퇴보의 시대도 있는 것이다. 더욱이 후퇴 뒤의 전진이 같은 지점이나 같은 방향을 따라 이루어졌다고 생각하는 것은 속단이다.

헤겔이나 마르크스가 말하는 3개 혹은 4개의 문명과 토인비가 말한 21개의 문명, 그리고 문명이 인간의 일생처럼 발흥, 쇠퇴, 붕괴를 겪는다고 보는 이론 — 이런 도식은 그 자체로서는 무의미하다. 그러나 이러한 도식은 문명을 전진시키는 데 필요한 노력이 어떤 지역에서 사라지면 후에 다른 지역에 다시 나타나기도 해서, 역사 속에서 관찰되는 진보는 무엇이건 시간적으로나 공간적으로나 결코 연속적인 것은 아니라는 명백한 사실을 보여준다.

만일 내가 실제로 역사의 법칙을 만드는 데 몰두했다면, 어떤 시기에는 문명의 진보를 위해서 지도적인 역할을 할 집단은(계급, 국가, 대륙, 문명, 그밖에 뭐라고 불러도 된다) 다음 시기에는 유사한 역할을 하지 못할 것이라는 법칙을 만들어 냈을 것이다. 당연한 일이지만, 그 집단은 그 이전 시대의 전통, 흥미, 사상에 너무 깊이 물들어 있어서 다음 시대의 요구나 조건에 스스로를 맞추기 어렵기 때문이다.[14]

그러므로 어떤 집단에게는 몰락의 시대로 보이는 것이 다른 집단에게는 새로운 진보의 시작으로 보이는 일이 얼마든지 있는 것이다. 진보는 모든 사람에게 다 평등하고 동시적인 것을 의미하지는 않으며, 또 그럴 수도 없다.

---

14 이와 같은 상황의 진단에 대해서 R.S. Lynd, *Knowledge for What*(N.Y., 1939), p.88을 참조할 것. "미국 문화에 있어서 나이 든 사람들은 흔히 자기들이 활기와 힘을 갖고 있던 과거를 동경하고 미래를 위협으로 생각해 이에 저항한다. 따라서 흔히 있는 일이지만, 어느 정도 힘을 잃고 분해하기 시작한 난숙기의 문화 전체는 잃어버린 황금시대를 지향하고, 그 반면 현재의 생활에는 태만한 것이다."

최근 서양의 몰락을 예언하는 사람들이나, 역사에 있어서 아무런 의의도 인정하지 않고 진보는 사라졌다고 확신하는 회의론자들의 거의 모두가 지난날 몇 세대에 걸쳐서 문명의 전진에 있어서 지도적이며 결정적인 역할을 해온 지역이나 계급에 속해 있다는 것은 의미심장한 일이다. 과거에 그들의 집단이 해온 역할이 이제는 다른 집단으로 넘어가는 것이라고 말해도 그들에게는 위안이 되지 않는다.

그들에게 비열한 술책을 써온 역사가 뜻있고 합리적일 수 없는 것은 분명하다. 그러나 우리가 진보의 가설을 유지해야 한다면, 이와 같은 비연속(非連續)이라는 조건을 받아들여야 한다고 생각한다.

마지막으로, 역사상 중요한 행위라는 관점에서 볼 때 본질적 내용은 무엇인가 하는 문제를 생각해 보고자 한다. 이를테면 시민적 권리를 만인 위에 확대하고, 형사소송법을 개정하며, 인종이나 부(富)의 불평등을 없애려고 노력하는 사람들은 바로 이러한 일들만을 의식적으로 추구하는 것이다.

즉 그들은 의식적으로 '진보'를 추구하는 것도 아니고, 어떤 역사의 '법칙'이나 진보의 '가설'을 실현하려고 하는 것은 아니다. 그들의 행위에 자기의 진보의 가설을 적용하고, 그들의 행위를 진보라고 해석하는 것은 역사가이다. 그렇다고 이것이 진보의 개념을 무효로 만드는 것은 아니다.

나는 이 점에서는 벌린 경의 "진보나 반동이라는 말을 무척 많이 남용해 왔지만, 공허한 개념은 아니다."[15]라는 말에 동의한다.

인간은 선배들의 경험에서 이익을 얻을 수 있고(반드시 이익을 얻는다는 것은 아니지만), 역사에 있어서의 진보는 자연에 있어서의 진화와 달리 획득된 자산의 전

---

[15] *Foreign Affairs*, xxviii, No. 3(June 1950), p.382.

승을 기초로 한다는 것이 역사의 전제이다. 이 자산은 물질적 소유물과 자기의 환경을 지배하고 변경하고 이용하는 능력을 포함하고 있다. 실제로 이 두 요소는 밀접하게 결합되어 상호작용하고 있다.

마르크스는 인간의 노동을 모든 구조의 기초로서 다룬다. 만일 '노동'이라는 말이 충분히 광범위한 의미를 부여한다면, 이 공식도 수용될 수 있다고 생각한다. 그러나 기술적·사회적인 지식이나 경험의 증대가, 또한 넓은 의미의 환경에 대한 인간의 지배력의 증대가 수반되지 않는 한 자본의 단순한 축적은 아무 소용도 없을 것이다.

오늘날에 와서는 물질적 자원과 과학적 지식의 축적이라는 면에서 진보하고 있다는 사실과 기술적인 의미에서의 환경의 지배가 우세하다는 사실을 의심하는 사람은 거의 없을 것이다. 오히려 20세기에 들어와서 우리의 사회를 형성하는 작업에, 그리고 국내적이건 국제적이건 사회적 환경의 지배에 있어서 과연 진보가 있었던가, 사실은 퇴보해 오지 않았는가 하는 점이 의문의 대상이 되고 있다. 사회적 존재로서의 인간의 진화는 결정적으로 기술의 발달에 뒤져 온 것이 아닌가?

이러한 의문을 조장할 만한 조짐은 확실히 있다. 그러나 나는 그 의문은 옳다고 생각하지 않는다. 지도력이나 주도권이 어느 집단에서 다른 집단으로, 세계의 어느 지역에서 다른 지역으로 옮겨가는 전환점이 역사에는 몇 번이나 있었다. 근대 국가가 성립되고 세력의 중심이 지중해에서 서유럽으로 넘어간 시기, 프랑스 혁명의 시기 등은 근대에 있어서의 그 현저한 예였다.

이런 시대는 언제나 사나운 동란의 시기이자 권력을 에워싼 투쟁의 시기이다. 낡은 권위는 힘을 잃고, 오래된 국경은 사라진다. 야심과 원한의 격렬한 충돌 속에서 새로운 질서가 나타난다.

내가 말하고자 하는 것은, 우리는 현재 이런 시대를 지나가고 있다는 사실이다. 사회조직의 여러 문제에 대한 우리의 이해나, 또 이런 이해에 비추어서 사회를 조직하려는 우리의 선의가 퇴보하고 있다는 주장은 완전히 잘못되었다고 생각한다. 오히려 나는 이러한 이해나 선의가 크게 늘어났다고 말하고 싶다.

가령 이런 이해나 선의가 퇴보했다고 해도 우리의 능력이 줄었거나, 우리의 덕성이 저하된 것은 아니다. 단지 우리가 대륙 사이, 국가 사이, 계급 사이에서의 세력 균형의 이동으로 인한 투쟁과 동란의 시대를 살고 있는 데서, 그 능력이나 자질의 부담이 엄청나게 늘어나서 적극적 성과에 대한 그 유효성을 제한하고 좌절시키는 것이다.

지난 50년 동안 서방세계에서 진보의 믿음에 대해 도전해 온 힘을 가볍게 볼 생각은 없지만, 나는 아직도 역사에서의 진보가 끝났다고는 생각하지 않는다. 그러나 진보의 내용에 대해서 더 말하라고 한다면, 나는 이렇게 대답할 수밖에 없다.

역사에 있어서의 진보에 명료하게 규정할 수 있는 확실한 목표가 있다는 생각은, 19세기의 사상가들이 종종 그렇게 가정한 것이지만, 그것이 적응할 수 없는 무용지물임이 밝혀졌다.

진보에 대한 믿음은 결코 자동적이거나 불가피한 과정을 믿는다는 것이 아니라, 인간 능력의 계속적인 발전을 믿는다는 뜻이다.

진보라는 것은 추상적인 용어이다. 인류가 추구하는 구체적인 목적은 때에 따라 역사의 진로에서 나타나는 것이지, 역사 밖의 어떤 원천으로부터 나오는 것은 아니다.

그러나 나는 인간의 완성 가능성이나 지상에 있을 미래의 낙원 따위를 믿지는 않는다. 이에 관한 한 나는 역사 속에서는 완성을 실현할 수 없다고 주장하는 신학자나 신비주의자와 의견을 같이할 것이다.

그러나 나는 목표점을(하기야 우리가 그것을 향하여 전진해야 비로소 규정될 수 있는 그런 목표점을) 향한 무한한 진보, 다시 말해서 우리가 필요로 하거나 생각할 수 있는 한도라는 것이 없는 진보의 가능성으로 만족하려 한다.

이런 진보의 관념이 없다면, 대체 사회가 어떻게 지속될 수 있을 것인가?

모든 문명사회는 아직 태어나지 않은 세대를 위해서 현존 세대의 희생을 강요하는 것이다. 더 나은 미래의 세계라는 명목으로 이런 희생을 합리화하는 것은 일찍이 신의 의도라는 명목으로 자행된 희생의 변호를 현세화한 것이다. 베리의 말을 빌리면 '후대(後代)에 대한 의무라는 원리는, 진보의 관념에서 직접 추론된 필연적 귀결'[16]이다. 아마도 이것은 변명이 필요없을 것이다. 만일 필요하더라도 나는 그것을 변명하기 위한 방법을 모른다.

여기서 나는 역사에서의 객관성이라는 유명한 문제와 맞닥뜨린다. 객관성이라는 말 그 자체가 오해를 불러일으키고 문제가 많은 것이다.

지난번의 강연에서 이미 말했던 것처럼 사회과학(그중에서도 특히 역사)은 주관과 객관을 분리시키고, 관찰자와 관찰되는 것 사이에 엄격한 구별을 강요하는 지식 이론과는 조화되기 어려운 것이다. 우리에게는 양자 사이에 있는 상호관계 및 상호작용의 복잡한 과정을 정당화할 새로운 모델이 필요하다.

역사상의 사실은 원래 역사가에 의해서 인정되는 중요성 여하에 따라서 역사상의 사실이 되기 때문에, 완전히 객관적이라는 것은 불가능하다. 역사에 있어서의 객관성은(편의상의 용어를 그대로 사용한다면) 사실의 객관성이라기보다는 단순한 관계의 객관성, 즉 사실과 해석, 과거와 현재와 미래 사이의 관계의 객관성인 것이다.

나는 역사의 밖에 역사와는 독립된 절대적 가치기준을 설정함으로써 역사상의 사건을 판단하려는 시도를 비역사적이라고 물리친 바 있는데, 지금 그 이유로 되

---

16 I.B. Bury, The Idea of Progress(1920), p.ix.

돌아가야 할 필요는 없다.

그러나 절대적 진리의 개념도 역시 역사의 세계에는 적합하지 않으며, 과학의 세계에도 또한 적합하지 않다고 생각된다. 절대적인 진리 또는 절대적인 허위라고 판단할 수 있는 것은 역사적 명제 중에 가장 단순한 종류의 것뿐이다.

보다 복잡한 수준이 되면, 예를 들어 역사가가 어떤 선배가 내린 판단에 대해서 논할 경우, 보통은 그것을 절대적 허위라고 비난하는 것이 아니라 불충분하다든가, 단편적이라든가, 오해를 일으키기 쉽다든가, 그 뒤에 나온 증거 때문에 낡고 무의미한 관점의 산물이라면서 비난한다.

러시아 혁명의 원인을 니콜라이 2세의 우둔이나 레닌의 천재성에서 구하는 것은 매우 불충분하다 — 심한 오해를 초래할 만큼 불충분하다. 역사가는 이런 종류의 절대자와는 손을 끊어야 하는 것이다.

로빈슨의 죽음이라는 슬픈 사건으로 되돌아가 보자. 이 사건에 관한 우리의 연구의 객관성은 사실을 올바르게 입수하는 데 의존하지 않고(거기에 문제는 없었다) 우리가 관심을 갖고 있는 실제적으로 의미 있는 사실과, 우리가 무시할 수도 있는 우연한 사실과의 구별에 의존하고 있다.

이러한 구별이 쉽다는 것은 우리가 이미 아는 바다. 우리가 생각하는 중요성의 기준이나 시금석(試金石), 곧 우리가 생각하는 객관성의 기초가 분명하고 우리가 생각하는 목표점(다시 말해서 교통사고에 의한 사망을 줄이는 것)과 관련되기 때문이다.

그러나 역사가란 교통사고에 의한 사상자를 줄이려는 단순하고도 한정된 목표를 가지고 있는 조사자보다는 불행한 인간이다.

역사가도 해석을 할 때 중요한 것과 우연한 것을 구별하기 위해서는 그가 가진 중요성의 기준을(그것이 또한 그가 가진 객관성의 기준이기도 하지만) 필요로 하고, 또 역사가 자신이 가진 목적과의 관련에서만 그것을 빌건할 수 있다.

그러나 과거의 진화적 해석은 역사상의 필연적인 기능이기 때문에 이 목적은 어쩔 수 없이 진화하는 목적이 된다. 변화는 언제나 고정된 불변의 것으로 설명해야만 한다는 전통적인 가정은 역사가의 경험과는 어긋난다.

버터필드 교수가 한 말에 의하면, 역사가가 따라가지 않아도 되는 어떤 영역을 암암리에 자기 자신을 위해서 남겨놓고 있겠지만, '역사가에게 있어서 유일한 절대자는 변화'[17]인 것이다.

역사에 있어서의 절대자는 우리가 거기서 출발하는 과거에 있는 어떤 것도 아니고 현재에 있는 어떤 것도 아니다. 모든 현재의 사고는 필연적으로 상대적이기 때문이다.

역사에 있어서의 절대자는 아직도 완성되지 못한 어떤 것이고 생성 과정에 있는 어떤 것이다. 우리가 나아가는 미래에 있는 어떤 것이며, 우리가 그쪽으로 나아갈 때 비로소 형태가 갖춰지는 것, 또 우리가 나아감에 따라 그 빛에 비추어서 과거에 대한 우리의 해석이 차차 형성되는 그런 것이다.

이것은, 역사의 의미는 마지막 심판의 날에 계시되리라는 종교적 신화의 배후에 숨은 세속적인 진리이다. 우리가 생각하는 기준은 어제도 오늘도, 그리고 영원히 변하지 않을 어떤 것이라는 정적(靜的)인 의미에서 절대적인 것은 아니다. 그런 절대자는 역사의 본질과 양립할 수 없다.

그러나 우리가 생각하는 기준은 과거에 대한 우리의 해석의 견지에서 보면 하나의 절대자이다. 그것은 어떤 해석이든 마찬가지라든가, 모든 해석은 그 나름의 시간과 장소에서는 옳다든가 하는 상대주의적 견해를 거부한다. 그리고 궁극적

---

[17] H. Butterfield, *The Whig Interpretation of History*(1931), p.58. 보다 더 자세한 말은 A. von Martin, *The Sociology of the Renaissance*(Engl., transl., 1945), p.i에 있다. "타성과 운동, 정적인 것과 동적인 것, 이런 기본적인 범주에 의해서 역사의 사회학적 연구는 시작된다……. 역사는 오직 상대적인 뜻에서만 타성적인지 아닌지의 여부를 알아낸다. 결정적인 문제는 타성과 변화의 어느 쪽이 우세한가."이다. 변화는 적극적이고 절대적인 요소이며, 타성은 주관적이고 상대적인 요소이다.

으로는 과거에 대한 우리의 해석이 판정하는 표준을 제공한다.

역사에는 이렇듯 방향 감각이 있으므로 우리는 비로소 과거의 여러 사건을 정돈시키고 해석(이것이 역사가의 과제이다)할 수 있는 것이며, 또 미래를 바라보며 현재의 인간의 에너지를 자유롭게 하고, 이를 조직(이것은 정치가, 경제학자, 사회개혁자의 과제이다)할 수가 있는 것이다. 그러나 그 과정 자체는 언제나 진보하는 것이고, 동적인 것이다. 우리의 방향 감각과 과거에 대한 해석도, 우리가 나아감에 따라 계속적으로 변화하고 진화하게 마련이다.

헤겔은 그 절대자를 세계정신이라는 신비스런 모습으로 나타내고, 역사의 진로를 미래로 투입하지 않는 대신에 이를 현재에서 끝나게 하는 큰 오류를 범했다. 그는 과거를 향해서는 계속적인 진화의 과정을 인정하면서, 부당하게도 미래를 향해서는 그것을 거부하였다.

헤겔 이후에 역사의 본질을 가장 심각하게 생각한 사람들은, 이것을 과거와 미래의 종합으로 보았다. 토크빌(Tocqueville ; 프랑스의 정치가이자 역사가로 《미국의 민족주의》를 저술하였다. 1805~1859)은 아직 당시의 신학적 표현법에서 완전히 해방되지 않았고, 비록 그 절대자에게 너무 편협한 내용을 주기는 했지만, 그래도 문제의 핵심을 간파하였다. 그는 평등의 발전을 보편적이고 영원한 현상이라고 말하고, 계속해서 다음과 같이 말했다.

"우리 시대의 사람들이 평등의 점차적이고 진보적인 발전이야말로 그들 역사의 과거이자 미래라는 것을 안다면, 이 한 가지 발견만으로도 이러한 발전에는 그들의 주님의 뜻이라는 성스런 특질이 주어진다."[18]

여전히 미완성인 이 주제에 대해서는 역사의 중대한 장(章)이 쓰일 수 있을 것이다.

---

[18] De Tocqueville, *Preface to Democracy in America*.

마르크스에게는 미래를 내다보는 것을 피하려고 하는 헤겔의 일면이 남아 있어서 자기 학설의 기초를 주로 과거의 역사 속에서 구하려 했지만, 그는 주제의 성질상 계급 없는 사회라는 절대자를 미래 속에 투입하지 않을 수 없었다.

베리는 진보의 관념이 "과거와 미래에 대한 예언을 종합하는 이론이다."[19]라고, 좀 어색하지만 같은 의도로서 분명히 말하고 있다.

네이미어는 그 특유의 풍부한 실례를 들어 일부러 역설적인 말투로 "역사가는 과거를 상상하고 미래를 상기한다."[20]고 했다.

미래만이 과거를 해석하는 열쇠를 줄 수 있다. 그리고 우리는 역사에 있어서의 궁극적 객관성을 이러한 의미에서만 말할 수 있다. 과거가 미래에 빛을 비추고, 미래가 과거에 빛을 비추는 것은 역사에 대한 합리화인 동시에 역사에 대한 설명이다.

그러면 우리가 어떤 역사가를 객관적이라고 칭찬하고, 한 역사가가 다른 역사가보다 더 객관적이라고 말하는 것은 어떤 의미를 갖는가? 물론 그가 단순히 사실을 올바르게 입수한다는 뜻이 아니라 올바른 사실을 선택하고 있다. 바꾸어 말하면 올바른 중요성의 기준을 사용하고 있다는 것이다. 어떤 역사가를 객관적이라고 말할 때, 우리는 두 가지를 생각하고 있는 것 같다.

첫째, 그 역사가가 사회와 역사 속에 놓여 있는 자신의 상황에 대한 제한된 시야를 뛰어넘는 능력, 지난번 강연에서 말한 바와 같이 반쯤은 어떻게 자기가 이 상황 속에 휘말려 들어가 있는가를 인식하는 능력, 즉 완전한 객관성이란 불가능하다는 것을 인식하는 능력을 갖고 있다는 것을 의미한다.

---

[19] I.B.Bury, *The Idea of Progress*(1920), p.5.
[20] L.B.Namier, *Conflicts*(1942), p.70.

둘째로, 그 역사가가 자기 견해를 미래에 대해 투입하고, 따라서 자기 자신의 직접적인 상황에 전적으로 국한되어 있는 역사가들보다는 과거에 대해 더 깊고 더 지속적인 통찰력을 가졌다는 뜻이다.

오늘날에는 '완전한 역사'를 쓸 수 있다는 액턴의 자신감에 동조하는 역사가는 없을 것이다.

그러나 다른 역사가들에 비해서 보다 영속적이고, 또 완전성과 객관성이 더 많은 역사를 쓰는 역사가들은 있다. 그런 사람들은 과거와 미래에 대한 장기적인 안목이라고 할 만한 것을 가진 역사가들이다. 과거를 다루는 역사가는 미래에 대한 이해를 향해서 나아감으로써 비로소 객관성에 접근할 수 있는 것이다.

그러므로 지난번 강연 때는 역사란 과거와 현재의 대화라고 말했지만, 오히려 역사란 과거의 여러 사건과 차차 나타나는 미래의 여러 목적간의 대화라고 불렀어야 옳았을 것이다.

과거에 대한 역사가의 해석이나, 중요하고 의미 있는 것의 선택이나 둘 다 새로운 목표의 점진적인 출현에 따라서 진화해 간다.

가장 간단한 예를 들면, 주요 목표가 입헌적 자유 및 정치적 권리의 조직화라고 생각했던 시대에는 역사가는 과거를 입헌적 및 정치적인 관점에서 해석하였다. 그런데 경제적 및 사회적인 목적이 입헌적 및 정치적인 목적을 대신하기 시작하자, 역사가는 과거를 경제적 및 사회적으로 해석하였다.

이런 과정에서 회의주의자가 새로운 해석이 낡은 해석보다 더 진실일 수는 없다, 어느 것이든 그 시대에는 진실이라고 주장한다면, 그럴듯하게 들릴 것이다.

그러나 정치적 및 입헌적인 목적에 대한 관심보다 경제적 및 사회적인 목적에 대한 관심이 인류 발전의 더 넓고 더 진보된 단계를 나타내고 있는 것이기 때문에, 역사의 경제적 및 사회적인 해석은 정치적 차원에서의 해석에 비해서 더한층 밀딜된 단계를 반영한다고 말할 수 있다. 낡은 해석이 부정된 것이 아니라 그것이 새로운 해석에 의하여 포섭되고 대치된 것이다.

역사 기술(歷史記述)은 그 자체가 진보하는 것이고, 그것이 여러 사건의 진로에 대한 끊임없는 통찰로 넓이와 깊이를 마련하려고 한다는 의미에서 진보하는 과학이다.

이상이 '과거에 대한 어떤 건설적인 견해'가 필요하다고 말했을 때 내가 생각하고 있던 뜻이다.

지난 2세기 동안 현대의 역사 기술은 위와 같은 진보에 대한 이중적 믿음 속에 성장해 왔으며, 만일 이 믿음이 없었다면 오늘날까지 존재할 수 없었을 것이다. 이 진보에 대한 믿음이야말로 역사 기술에 중요성의 기준을 주고, 참된 것과 우연한 것을 구별하는 표준을 마련해 주는 것이기 때문이다.

괴테는 그 생애의 마지막 무렵의 대화에서 이 어려운 문제를 좀 난폭하게 매듭지었다.

"시대가 내리막길에 있을 때는 모든 경향이 주관적이 되지만, 반대로 모든 일이 새로운 시대를 향해서 성장하고 있을 때는 모든 경향이 객관적이다."[21]

어느 누구에게도 역사의 미래나 사회의 미래를 믿어야 하는 의무는 없다. 우리의 사회가 파괴되어 버린다든가, 차차 망해 간다든가, 또는 역사가 신학으로(다시 말해서, 인간의 활동에 관한 연구가 아니라 신의 의도에 관한 연구로 타락해 버린다든가), 문학으로(다시 말해서, 목적도 의미도 없는 이야기나 전설로) 타락해 버린다든가 하는 것은 가능하다.

그러나 이것은 지난 2백 년 동안에 우리가 알아온 그런 의미에서의 역사는 아니다.

---

[21] J. Huizinga, *Men and Ideas*(1959), p.50.

그런데 미래 속에서 역사적 판단의 궁극적 기준을 구하는 이론에 대해서는 이미 다 아는 대중적인 반대 의견이 있으므로, 나는 그런 반론을 다루지 않을 수 없다. 보통 그런 이론은 성공이 판단의 궁극적 기준이라는 의미를 포함하고 있으며, 또 현재 존재하는 모든 것을 옳다고까지는 하지 않더라도 앞으로 존재할 것은 모두 옳다는 의미를 포함하고 있다.

대부분의 역사가들은 지난 2백 년 동안 역사가 움직여 나아가는 일정한 방향이 있다고 믿었을 뿐만 아니라, 나아가서 의식적이건 무의식적이건 이 방향이 전체적으로 올바른 방향이라고 믿고 인류가 나쁜 상태에서 좋은 상태로, 낮은 상태에서 높은 상태로 나아간다고 믿었다.

이런 역사가는 단지 방향을 인정했을 뿐만 아니라 그것을 보장한 것이다.

그가 과거의 연구에 적용한 중요성의 기준은 역사가 나아가는 진로에 대한 감각일 뿐 아니라, 그 자신이 이 진로에 도덕적인 책임이 있다는 감각이었다.

'존재'와 '당위(當爲)', 사실과 가치 사이에 있다는 대립은 해소되었다. 그것은 미래에 대해 압도적인 신뢰를 하던 시대의 산물인 낙관적인 견해였다. 휘그 당원이건 자유당원이건, 헤겔 파건 마르크스 파건, 신학자건 합리주의자건 모두 이 견해를 확고하게(물론 정도의 차이는 있지만) 지키고 있었다.

지난 2백 년 동안은 이 견해가 '역사란 무엇인가?'라는 질문에 대한 공인된 절대적인 해답이었다고 해도 별로 과장이 아닐 것이다.

그 반동이 불안과 비관주의라는 현재의 분위기와 함께 나타나서 이것이 역사의 의미를 역사 밖에서 구하는 신학자들과 역사에 있어서 아무런 의미도 발견하지 못하는 회의주의자들에게 그 자리를 내주게 된 것이다.

'존재'와 '당위'의 대립은 절대적이고 해소될 수 없다든가, '가치'는 '사실'에서 제거될 수 없다든가 하는 주장이 사방에서 일어나 극도로 강조된다.

그러나 내가 생각하기에 이것은 잘못된 견해인 것 같다. 몇 명의 역사가니 억사 관계 저술가를 생각나는 대로 골라서, 그들이 이 문제에 대해서 어떻게 생각하고 있었는가 살펴보기로 하자.

기번은 그의 역사 서술에서 많은 페이지가 이슬람교의 승리를 논하는 데 할애된 것을 당연하다고 생각하고, '마호메트의 제자들이 동양적 세계에서는 여전히 세속적 및 종교적 권리를 다 쥐고 있기 때문'이라는 이유를 들었다. 그러나 그는 이렇게 덧붙였다.

"7세기에서 12세기 사이에 스키타이 평원에서 내려온 야만인의 대군에 대해서는 이런 수고를 할 필요가 없을 것이다.' 왜냐하면 '비잔틴 왕국의 위엄이 이 무질서한 공격을 격퇴하고 물리쳐 왔기 때문이다."[22]

이것은 납득이 안 될 만한 이야기는 아니다. 무릇 역사란 사람들이 행한 일의 기록이며, 하지 못한 일의 기록은 아닌 것이다. 그런 이상 역사는 불가피하게 성공의 이야기가 될 수밖에 없는 것이다.

토니(R. H. Tawney ; 영국의 경제학자, 역사가. 1880~1962) 교수는 "역사란 '승리를 차지한 여러 힘을 앞으로 내세우고, 패배한 여러 힘을 그 뒤로 밀어냄으로써' 현존하는 질서에 '필연성이라는 외관'[23]을 부여하는 것이다."라고 말했다.

이것은 어떤 의미에서는 역사가가 하는 일의 본질이 아닐까? 역사가는 반대파를 경시해서도 안 되고, 간신히 얻은 승리를 독주(獨走)한 듯이 그려도 안 된다.

때로는 패자가 궁극적인 결과에 대해서 승자와 똑같은 공헌을 한 일도 있다. 이것은 모든 역사가가 알고 있는 원칙이다.

그러나 전체적으로 보면, 역사가는 승자이거나 패자이거나 무언가를 성취한 사람들을 문제로 삼는다. 나는 크리켓 사(史)의 전문가는 아니다. 그러나 크리켓 사

---

22 Gibbon, *The Decline and Fall of the Roman Empire*, ch. 1v.
23 R.H. Tawney, *The Agrarian Problem in the Sixteenth Century*(1912), p.177.

를 장식하는 것은 수백 점을 딴 사람들의 이름이지 영점을 얻거나 실격한 사람들의 이름은 아닐 것이다.

역사에서는 "하나의 국가를 형성할 만한 민족만이 우리의 주의를 끈다."[24] 는 헤겔의 유명한 말은 사회조직의 한 형태에 독점적인 가치를 인정하고, 혐오스러운 국가 숭배의 길을 열어놓았다고 비판받아 왔는데, 그것은 당연한 비판이다.

그러나 원칙적으로 헤겔이 말하고자 한 것은 옳으며, 그것은 우리가 잘 알고 있는 선사시대와 역사시대 사이의 구별을 표현하고 있다.

자기들의 사회를 일정 수준까지 조직화하는 데 성공한 민족만이 원시적 야만인의 영역에서 벗어나 역사에 등장하는 것이다.

칼라일은 《프랑스 혁명사》에서 루이 15세를 '세계 무법정신 그 자체'라고 불렀다. 은 이 말을 좋아하여 후에 좀더 부연해서 설명하고 있다.

"이것은 얼마나 새롭고, 광범하고, 현기증나는 운동인가! 이것은 제도의, 사회조직의, 개인정신의 운동이며, 더욱이 그것들은 어제는 서로 협력하고 있었던 것이 오늘은 서로 미친 듯이 충돌하는 형편이다. 불가피한 일이다. 세계 무법정신도 약할 대로 약해져서 마침내 붕괴하고 말았다."[25]

이 기준도 역사적이다. 어떤 시대에 적합했던 것이 다른 시대에는 무법이 되고, 그 때문에 비난을 받는 것이다.

벌린 경조차도 철학적 추상이라는 고지에서 내려와 구체적인 역사적 상황을 연구하게 되자 위와 같은 관점으로 전향한 듯이 보인다.

그는 '역사적 필연성'에 관한 논문을 발표하고 얼마 안 되어 한 방송에서, 도덕

---

[24] *Lectures on the Philosophy of History* (Engl. transl., 1884), p.40.
[25] T. Carlyle, *The French Revolution*, I, i, ch. 4 ; I, iii, ch. 7.

적 결함에도 불구하고 비스마르크를 '천재'로서, 그리고 '최고의 정치적 판단력을 가진 전세계 정치가의 가장 위대한 모범'이라고 격찬했으며, 이 점에서 '자기들의 적극적인 목적'을 실현하는 데 실패했던 오스트리아의 요제프 2세, 로베스피에르, 레닌, 히틀러 같은 인물들과 비교하고 있다.

이것은 기묘한 평가라고 생각한다. 그러나 나의 현재의 관심사는 판단의 기준이다. 비스마르크는 자기가 다루고 있는 재료를 잘 알고 있었지만, 다른 사람들은 소용도 없는 추상적인 이론에 끌려다녔다고 벌린 경은 말한다. 그가 주는 교훈에 의하면 '실패란 보편적 타당성을 요구하는 체계적인 방법이나 원리만을 선호하여…… 가장 유용한 것을 거부하는 데서부터 온다'[26]는 것이다. 바꾸어 말하면, 역사에 있어서의 판단 기준은 '보편적 타당성을 요구하는 원리'가 아니라 '가장 유용한 것'이라는 뜻이다.

거의 말할 필요도 없지만, 우리가 이 '가장 유용하다'는 기준에 의거하는 것은, 비단 과거를 분석하는 데에만 국한된 것이 아니다.

누군가 현재의 위기로 보아 영국과 미국을 합해서 단일 주권국가로 통합하는 것이 바람직스럽다고 생각하고 여러분에게 말한다면, 여러분은 이에 대해 매우 현명한 견해라고 동의할지도 모른다.

그 사람이 다시, 정치형태로는 입헌군주제가 대통령제보다 좋다고 말한다면, 여러분은 그것도 역시 매우 현명한 견해라고 동의할 것이다.

그러나 그 사람이 더 나아가 영국의 왕관 아래서 두 나라의 재통일을 위한 정치운동에 헌신하자는 계획을 내놓는다면, 아마도 여러분은 그것은 시간 낭비라고 대답할 것이다.

그 이유를 설명하려 할 때, 여러분은 이런 종류의 문제는 무언가 일반적으로

---

26 '정치적 판단'에 대한 1957년 6월 19일의 B.B.C. 제3방송.

적용될 수 있는 원리를 기초로 논할 것이 아니라, 주어진 역사적 조건하에서 어떻게 유용한가를 기초로 논해야 한다고 말할 수밖에 없을 것이다. 그리고 이 경우 여러분은 대문자 H로 시작되는 대역사에 대해서 이야기하는 큰 죄까지 저지르면서, 역사가 용서하지 않을 것이라고 그 사람에게 말할지도 모른다.

정치가의 과제는 도덕이나 이론의 측면에서 보아 무엇이 바람직스러운지 고려하는 데 그칠 것이 아니라, 나아가서 지금 세계에 존재하는 여러 세력을 고려하는 것, 당면한 목적의 실현을(아마도 부분적일 것이다) 향하여 그 힘을 어떻게 지도하고 조종하는가 하는 것까지도 고려하지 않으면 안 된다.

우리가 역사의 해석에 의거해서 내리는 정치적인 결정은 이와 같은 절충에 뿌리를 두고 있다. 그러나 우리가 하는 역사의 해석도 마찬가지 절충에 뿌리박고 있다.

어떤 바람직스럽고 추상적인 기준을 만들어서, 그것에 의거해 과거를 비난하는 것만큼 커다란 오류는 없는 것이다. '성공'이라는 말은 불쾌한 내용을 포함하게 되어 있으니까, 반드시 '가장 유용한 것'이라는 중립적인 말로 대체하도록 하자. 나는 이번 강연에서 몇 번이나 벌린 경의 의견에 반대해 왔지만, 논의의 마지막에 와서 이 정도라도 의견일치를 볼 수 있었다는 것은 기쁜 일이다.

그러나 '가장 유용한 것'이라는 기준을 받아들였다고 해서, 그 적응이 쉽다든가 간단하다는 것은 아니다. 그것은 즉각적인 판단을 내리게 하는 기준도 아니고, 또한 존재하는 것은 모두 옳다는 견해에 굴복하는 기준도 아니다.

역사상에는 의미심장한 실패라는 것도 없지 않다. 역사에는 소위 '지연된 성공'이라고 부를 만한 것이 있다.

오늘의 명백한 실패도 내일의 성공에는 결정적인 공헌을 하게 되는 수가 있다. 이를테면 자기 시대보다 빨리 태어난 선각자를 들 수 있다.

사실 이 기준이 거의 부동적이고 보편적이라고 부르는 기준보다 나은 장점이 하나는, 그것이 우리의 판단을 연기시켜 주고 아직 일어나지 않은 일에 비추어 판단을 바로잡게 하는 점이다.

추상적이고 도덕적인 원리를 바탕으로 거리낌 없이 말한 프루동(P. J. Proudhon ; 프랑스의 사회주의 사상가·무정부주의자. 1809~1865)은 나폴레옹 3세의 쿠데타를 그것이 성공한 후에 용납하였지만, 추상적이고 도덕적인 원리를 부정했던 마르크스는 프루동이 그것을 용납했다는 것에 대해 비난하였다. 긴 역사적 안목으로 되돌아보면, 아마도 우리는 프루동이 잘못했고 마르크스가 옳았다는 점에 동의할 것이다.

비스마르크의 업적도 이 역사적 판단의 문제를 검토할 때 훌륭한 출발점을 제공하고 있다. 나는 '가장 유용한 것'이라는 벌린 경의 기준에 찬성하기는 하나, 그가 그것을 좁고 단기적인 범주 안에서 적용하고, 그것으로 크게 만족해 하고 있는 데 대해서는 당황하지 않을 수 없다.

비스마르크는 정말로 유용한 것을 창조했던가? 나는 그가 이룩해 놓은 일이 엄청난 재난을 낳았다고 생각하고 있다. 그렇다고 해서 내가 독일 제국을 이룩한 비스마르크나, 그것을 염원하고 그 건설을 도운 독일 국민을 비난하려는 것은 아니다. 다만 역사가인 이상 나에게는 제기해야 할 많은 문제가 남아 있는 것이다.

마침내 재난이 일어났는데, 그것은 독일 제국의 구조에 무언가 숨은 결함이 있었던 것을 의미하는 것인가, 아니면 독일 제국을 낳은 내적 조건에 이기적이고 공격적이 되는 숙명이 숨어 있었던 것인가, 아니면 독일 제국이 만들어질 당시 유럽과 세계의 무대는 이미 꽉 차 있어서 기존 강대국 사이에 침략적 경향이 매우 강했고, 그 때문에 새로운 침략적 강대국의 출현만으로도 큰 충격을 일으켜 조직 전체를 붕괴시키고 말았던 것인가?

마지막 가설에 의하면, 이 재난의 책임자는 비스마르크와 독일 민족이라든가,

또는 그들이 전적으로 책임을 져야 한다든가 하는 것은 잘못일 것이다. 우리는 사실 맨 마지막에 관계한 사람을 비난할 수는 없다. 그러나 비스마르크의 업적에 대해서, 또 그것이 얼마나 유용했는가에 대해서 객관적인 판단을 내려야 한다면 역사가는 많은 문제에 대답해야 하지만, 나는 역사가가 아직 이런 문제에 확정적으로 대답할 수 있는 위치에 있다고는 생각지 않는다.

내가 말하고 싶은 것은, 1880년대의 역사가보다 1920년대의 역사가가 더 객관적 판단에 접근했다는 것, 1920년대의 역사가보다 오늘날의 역사가가 더 접근했다는 것, 오늘날의 역사가보다 2000년대의 역사가는 더 접근하리라는 것이다.

이것은 역사에 있어서의 객관성이 눈앞에 있는 어떤 고정적인 판단 기준에 의거한 것이 아니고, 또 그럴 수도 없으며, 오히려 미래 속에 있다가 역사의 과정이 진전함에 따라 발전하는 기준에만 의거하고 또 의거할 수 있을 것이라는 내 주장을 실증하는 것이다. 과거와 미래 사이에 일관된 연관성을 가질 수 있을 때 역사는 비로소 의미와 객관성을 획득한다.

그러면 사실과 가치 사이에 있는 또 다른 대립을 보자.

가치는 사실로부터 끌어낼 수 없다. 이러한 명제는 반쯤은 진리이지만, 반쯤은 거짓이다.

가치체계가 얼마나 환경의 여러 사실에 의해서 형성되고 있는가를 파악하고 싶으면 한 시대 또는 한 나라를 지배하는 가치체계를 검토하는 것으로 충분하다. 자유·평등·정의 같은 가치체계를 나타내는 말의 내용이 역사적으로 변화한다는 사실에 대해서는 지난번 강연 때 주의를 환기한 일이 있다.

그러면 도덕적 가치의 보급에 주력해 온 하나의 제도로서 기독교 교회를 예로 들어보겠다. 원시 기독교에서의 가치와 중세 교황징치에서의 가치, 또는 중세의 교황정치에서의 가치와 19세기의 프로테스탄트 교회에서의 가치를 비교해 보라.

또 이를테면, 오늘날 스페인의 기독교 교회가 퍼뜨리고 있는 가치와, 미국의 기독교 교회가 퍼뜨리고 있는 가치를 비교해 보라.

이런 가치의 차이는 역사적 사실의 차이에서 오는 것이다.

또 노예제도, 인종차별, 아동의 노동력 착취를(한때는 모두 도덕적으로 별반 문제되지 않고 훌륭한 것으로 인정되고 있었던 것이지만) 일반적으로 부도덕한 것이라고 생각하게 만든 지난 1세기 반의 역사적 사실을 생각해 보라.

가치는 사실로부터 끌어낼 수 없다는 명제는 적어도 단편적이요, 오해를 초래하기 쉽다. 이 명제를 거꾸로 뒤집어보자. 사실을 가치로부터 끌어낼 수는 없다. 이것도 반쯤은 진리이지만, 또한 오해를 불러일으키기 쉬우므로 조건이 필요해진다.

사실을 알고자 할 때 우리가 내놓는 문제나 우리가 손에 넣는 해답은 우리의 가치체계에 의해 촉진된다. 환경의 여러 사실에 우리가 어떤 상(像)을 부여하느냐 하는 것은 우리의 가치에 의해서, 즉 우리가 사실에 접근할 때 매개로 사용하는 범주에 의해서 결정되는 것이다.

이 상은 우리가 고려해야 할 중요한 사실의 하나이다. 가치는 사실 속에 섞여서 그 본질적인 부분을 이룬다.

우리의 가치는 인간으로서 우리가 갖추고 있는 본질적인 부분이다. 우리가 환경에 적응하는 능력도, 환경을 우리에게 적응시키는 능력도, 우리의 환경을 지배하여 역사를 진보의 기록으로 만들어 나가는 능력도, 모두 우리의 가치를 통해서 획득되는 것이다.

그러나 인간과 환경간의 투쟁을 크게 과장하여 사실과 가치 사이의 잘못된 대립이나 분열을 만들어서는 안 된다. 역사에 있어서의 진보는 사실과 가치 사이의 상호의존과 상호작용을 통하여 실현되는 것이다. 객관적인 역사가란 이 사실과 가치가 서로 얽히는 상호과정을 가장 깊이 통찰할 수 있는 역사가를 말한다.

이 사실과 가치의 문제에 있어서 단서를 제공하는 것은 '진리'라는 일상적 단어이다. 진리라는 말은 사실의 세계와 가치의 세계 양쪽에 걸쳐져 있으며, 그 양쪽 요소로 성립되어 있기 때문이다.

그러나 이것은 영어 특유의 성질은 아니다. 라틴계 언어에서 진리에 해당하는 말이나, 독일어의 '바르하이트(Wahrheit)'나 러시아어의 '프라우다(Pravda)'[27]나 모두 이런 이중적인 특성을 가지고 있다.

모든 언어는 단순한 사실의 진술이나 가치판단만이 아니라, 양쪽 요소를 다 포괄하는 진리라는 말을 요구하고 있는 듯이 보인다.

지난주 내가 런던에 갔던 것은 하나의 사실일 수 있다. 그러나 여러분은 이것을 일상적으로 진리라고 부르지는 않을 것이다. 거기에는 어떠한 가치적 내용도 없기 때문이다.

그러나 미국의 건국자들이 독립선언에서 모든 인간은 평등하게 태어났다는 자명한 진리를 언급할 때, 여러분은 이 명제의 가치적 내용이 사실적 내용을 압도한다고 느낄 것이고, 따라서 이것을 진리로 간주해야 하느냐의 여부를 의심할 것이다.

이러한 양극(가치를 떠난 사실이라는 북극과, 사실이 되려고 분투하는 가치판단이라는 남극) 사이의 어딘가에 역사적 진리의 영역이 있다.

첫번째 강연 때 내가 말했던 것처럼 역사가는 사실과 해석, 사실과 가치의 양자 사이에 서 있는 것이다. 그는 그것을 분리할 수가 없다. 정적인 세계라면, 여

---

27 프라우다(Pravda)의 경우에는 진리를 의미하는 또 하나의 말, 즉 이스치나(istina)라는 것이 있기 때문에 특별히 흥미롭다. 그러나 한쪽이 사실로서의 진리, 다른 한쪽이 가치로서의 진리를 가리킨다는 차이가 있는 것은 아니다. 프라우다는 두 가지 측면에서 인간적 진리이고, 이스치나는 두 가지 측면에서 신적인 진리이다. 즉 신에 대한 진리와 신에 의해서 계시된 진리를 가리킨다.

러분은 사실과 가치의 분리를 선언해야 할 의무가 있을지도 모른다.

그러나 정적인 세계에서는 역사란 무의미하다. 역사는 그 본질상 변화이며, 운동이며(만일 여러분이 낡은 표현에 반대하지 않는다면), 진보이다.

그래서 나는 결론적으로 진보는 '역사 기술의 기초가 되는 과학적 가설'이라고 한 액턴의 말로 되돌아가기로 하겠다. 만일 바란다면, 여러분이 과거의 의미를 역사 밖의 초합리적인 힘에 의존시키고, 역사를 신학으로 바꾸어버릴 수도 있다. 또 만일 하려고만 한다면, 역사를 문학(의미도 중요성도 없는 과거의 이야기나 전설의 수집)으로 바꾸어버릴 수도 있다.

그러나 진정한 의미의 역사는 역사 그 자체에서 방향감각을 발견하고 그것을 수용하는 사람만이 쓸 수 있는 것이다.

우리가 어디선가 왔다는 믿음은, 우리가 어디론가 가고 있다는 믿음과 밀접하게 관련되어 있다. 미래를 향해서 진보하는 능력에 대한 믿음을 상실해 버린 사회는, 곧 과거에 스스로 이룩한 진보에 대한 관심도 상실할 것이다.

내가 첫번째 강연의 서두에서 말했던 것처럼 역사에 대한 우리의 관점은 우리의 사회관을 반영하는 것이다. 나는 이제 사회의 미래와 역사의 미래에 대한 나의 신념을 밝힘으로써 출발점으로 되돌아왔다.

넓어지는 지평선 6장

나는 지금까지의 강연에서 역사란 끊임없이 움직이는 과정이며, 역사가도 이 과정 속에서 함께 움직인다는 견해를 주장해 왔으므로, 현대에 있어서 역사 및 역사가의 지위에 대해 무언가 결론적인 반성을 하지 않을 수 없다는 생각이 든다.

이것이 역사상 처음은 아니지만, 우리는 세계의 파멸을 예언하는 소리가 들리고, 그것이 모든 사람들을 무겁게 억누르고 있는 시대에 살고 있다. 이런 예언이 옳은지 그른지는 알 수 없다. 그러나 적어도 우리 모두가 죽을 것이라는 예언에 비하면 훨씬 불확실하다. 그리고 그 예언이 확실하다고 해서 우리 자신의 미래에 대한 계획을 중단할 필요는 없으니까, 비록 이 나라가 아니더라도 세계의 주요 부분은 우리를 위협하고 있는 위험을 모면할 수 있으며 역사는 계속될 것이라는 전제 위에서 우리 사회의 현재와 미래를 논하고 싶다.

20세기 중엽의 세계는, 아마도 15, 6세기에 중세 세계가 붕괴하고 근대 세계의 기초가 확립된 이래 이 세계를 엄습한 그 어떤 변화과정에 비해, 더욱 심각하고 더욱 광범위하다고 생각되는 변화의 과정에 있다. 결국 이 변화가 과학상의 발견이나 발명의 결과이고, 그 끊임없이 확대하는 응용의 결과이며, 직접 간접으로 거기서 생기는 발전의 결과임은 의심할 여지가 없다.

이 변화의 가장 뚜렷한 측면은, 15, 6세기에는 금융과 산업, 그리고 그 후에는 산업을 기초로 하는 새로운 계급에 처음으로 권력을 준 사회혁명에 필적하는 하나의 사회혁명이다. 현대 산업의 새로운 구조와 현대 사회의 새로운 구조는 내가 여기서 손을 대기에는 너무 거창한 문제를 제기한다. 그러나 이런 변화는 나의 주제와 더욱 밀접한 관계가 있는 두 측면, 즉 깊이의 변화와 지리적인 넓이의 변화라고 부를 만한 것이 포함되어 있다. 그 두 측면에 관해 간단히 언급해 보기로 한다.

역사는 인간이 시간의 흐름을 자연적 과정(4계절의 순환이라든가, 인간의 일생)이라는 관점에서가 아니라, 거기에 인간이 의식적으로 관계되고, 또 인간이 의식적으로 영향을 줄 수 있는 특수한 사건의 연속이라는 관점에서 볼 때 시작된다.

부르크하르트는 역사를 '의식이 각성함으로써 생긴 자연과의 단절'[1]이라고 말했다. 역사는 인간이 그 이성을 작용시켜서 환경을 이해하려 하고, 환경에 작용하려고 한 오랜 투쟁과정이다.

그런데 현대는 이 투쟁을 혁명적으로 확대하고 말았다. 현대의 인간은 환경만이 아니라 그 자신을 이해하고 또 거기에 작용을 가하려고 한다. 그 때문에 이를테면 이성에 새로운 차원이 더해지고, 역사에도 새로운 차원이 더해지게 된 것이다.

현대는 모든 시대 가운데서 가장 역사의식이 발달한 시대이다. 현대인은 자기가 지나온 어둠을 뒤돌아보고 열심히 응시한다. 그것은 거기서 비쳐오는 희미한 빛이 그가 나아가려고 하는 암흑을 비추어줄 수도 있다는 희망이 있기 때문이다.

또 반대로 앞으로 뻗어나간 오솔길에 대한 소망과 불안이 그 배후에 가로놓인 것에 대한 통찰을 격려하고 있다. 과거와 현재와 미래는 끊임없는 역사의 사슬로 연결되어 있는 것이다.

---

[1] J. Burckhardt, *Reflections on History* (1959), p.31.

근대 세계의 변화는 인간의 자기의식의 발달에 의해 이룩되었지만, 이런 변화는 데카르트로부터 시작되었다고 말할 수 있을 것이다. 데카르트는 인간을 다만 생각할 수 있을 뿐 아니라 자기 자신의 사고에 대해 생각할 수 있는 존재, 즉 사유와 관찰의 주체이자 동시에 객체가 되는 존재로서 처음으로 그 지위를 확립시킨 사람이다.

그러나 18세기 후반에 이르기까지 이 발달도 완전히 명확한 것이 되지는 못했다. 루소는 이 시대에 이르러 인간의 자기이해나 자기의식의 새로운 심연을 개척하여, 자연의 세계와 전통적 문명에 대한 새로운 견해를 인간에게 가르쳤다.

토크빌에 의하면, 프랑스 혁명은 '필요한 것은 당시의 사회질서를 지배하고 있던 전통적인 고정관념을 버리고, 그 대신 인간 이성의 작용과 자연법칙에서 나오는 단순한 기초적 법칙을 확립하는 것이라는 믿음'[2]에 의해서 고취된 것이다. 액턴은 그의 원고의 어떤 주(註)에서 말했다. "사람들은 그때까지 자기들이 찾고 있는 것이 자유였음을 미처 알지 못했다."[3]

헤겔처럼 액턴의 경우에도 자유와 이성은 분리할 수 있는 것이 아니었다. 그리고 프랑스 혁명에는 미국 혁명이 연관되어 있었다.

"87년 전에 우리의 조상들은 자유를 생각하면서 이 대륙에 새로운 국가를 세웠고, 모든 사람은 평등하게 창조되었다는 신조에 몸을 바쳤다."

이 링컨의 말이 시사하듯이, 미국 혁명은 진기한 사건이었다. 사람들이 의도적이고 의식적으로 하나의 국가를 형성하고, 그런 다음 또 의도적이고 의식적으로 다른 사람들을 이 국가의 틀 속에 집어넣기 시작한 역사상 최초의 사건이었기 때문이다.

---

2 A. de Tocqueville, *De l'Ancien Regime*, III, ch. 1.
3 Cambridge University Library : Add. MSS. 4870.

17, 8세기에 와서 인간은 자기 주위의 세계와 그 법칙을 충분히 의식하게 되었다. 이 법칙은 이미 짐작할 수 없는 섭리라는 신비로운 계율로서가 아니라, 이성이 받아들일 수 있는 법칙이 되었다. 그러나 그것은 인간이 복종하는 법칙일 뿐 인간 스스로가 만드는 법칙은 아니었다.

다음 단계에서 인간은 환경과 자기 자신에 대한 그들의 힘을, 또 스스로 법칙을 만들어 그 법칙 밑에서 사는 권리를 충분히 의식하지 않을 수 없었다.

18세기로부터 현대 세계에로의 전환은 길고도 점진적인 것이었다. 그 대표적 철학자는 헤겔과 마르크스이지만, 두 사람 모두 대립되는 위치를 차지하고 있었다.

헤겔은 섭리의 법칙을 이성의 법칙으로 돌려놓은 관념을 근거로 하고 있다.

헤겔의 세계 정신은 한쪽 손으로 섭리를, 다른 손으로는 이성을 굳게 쥐고 있다. 그는 아담 스미스를 뒤따르고 있다.

개개의 인간은 "자기의 욕망을 채우지만, 동시에 그 이상의 일, 곧 그들의 의식에는 나타나지 않아도 그들의 행위 속에 포함되는 일을 성취한다."라고 그는 말했다.

세계 정신의 합리적 의도에 대해서는 인간은 "이 합리적 의도를 실현하는 행위를 하면서(그 의미는 저 합리적 의도와는 다른 것이지만) 그것을 이용하여 자기들의 욕구를 만족시키고 있다."[4]라고 말했다.

이것은 이익의 조화라는 관념을 완전히 독일 철학의 표현으로 바꾼 것이다.

아담 스미스의 '보이지 않는 손'에 해당하는 것을 헤겔에서 찾으면, 개인을 움직여서 그들이 의식하지 않은 의도를 실현하도록 하는 저 유명한 '이성의 간계

---

4 이것은 헤겔의 《역사철학》에서 인용한 것이다.

(奸計)'이다. 그럼에도 불구하고 헤겔은 프랑스 혁명의 철학자였으며, 역사적 변화와 인간의 자기의식의 발전에서 실재(實在)의 본질을 볼 수 있었던 최초의 철학자였다.

역사의 발전은 자유의 개념을 향한 발전을 의미하였다. 그러나 1815년 이후, 프랑스 혁명의 감격은 왕정복고(王政復古)의 정체상태 속에서 사라지고 말았다.

헤겔은 정치적으로 매우 소심했고, 또 말년에는 당시의 기성 질서에 너무 강하게 사로잡혀 있었기 때문에, 그의 형이상학적 명제에 무언가 구체적인 의미를 끌어들이지 못했다.

헤르젠(Herzen ; 러시아의 사상가. 1812~1870)이 헤겔의 학설을 '혁명의 대수학(代數學)'이라고 부른 것은 참으로 적절했다. 그러나 헤겔은 기호(記號)는 만들었지만 실제적인 내용을 부여하지는 못했다. 이리하여 헤겔의 대수 방정식에 숫자를 적어넣는 일은 마르크스가 떠맡게 되었던 것이다.

아담 스미스와 헤겔의 제자였던 마르크스는 세계가 합리적인 자연법칙에 의해 지배되고 있다는 개념에서 출발했다. 이 점에서는 헤겔과 마찬가지였지만, 이번에는 실천적이고 구체적인 형태로 세계가 인간의 혁명적 창의력에 대응하여 합리적인 과정을 따라 발전하는 법칙에 지배되는 것이라는 견해로 전환하게 되었다.

마르크스의 견해를 종합해서 결론을 내리면, 역사란 서로 불가분의 것이며, 일관된 합리적인 전체를 형성하고 있는 다음의 세 가지 일을 의미했다.

첫째는 객관적이고 주로 경제적인 법칙에 합치된 사건의 움직임이고, 둘째는 이에 대응하여 변증법적 과정을 통해서 이루어지는 사상의 발전이며, 셋째는 이에 따르는 계급투쟁이라는 형태의 실천인데, 이것이 혁명의 이론과 실천을 조화롭게 하고 통합한다는 것이다.

마르크스가 제시하는 것은, 객관적 법칙과 이를 실천에 옮기는 의식적 행위와의 종합, 흔히(오해를 초래하기 쉽지만) 결정론이라고 불리는 것과 주의주의(主意主義)라고 불리는 것의 종합이다.

마르크스는 사람들이 지금까지 의식하지 않고 이끌려온 법칙에 대해 논한다. 그는 자본주의 경제와 자본주의 사회에 휘말려든 사람들이 가진 소위 허위의식에 대해서 여러 번 우리의 주의를 환기시켰다.

"생산과 유통의 당사자가 의식하고 있는 생산법칙의 관념은 실제의 법칙과는 크게 다르다."[5]

그러나 마르크스의 저서 중에는, 의식적인 혁명적 행위에 대한 요구라고 할 만한 독특한 예가 몇 가지 있다.

포이어바흐(Feuerbach)에 관해 유명한 테제는 이렇게 말하고 있다.

"철학자들은 단지 세계를 다르게 해석해 왔는데 중요한 것은 세계를 변혁하는 일이다."

또 《공산당 선언》에서는 "프롤레타리아트는 그 정치적인 지배력을 이용하여 부르주아지로부터 모든 자본을 야금야금 빼앗고, 모든 생산수단을 국가의 수중에 집중시킬 것이다."라고 선언했다.

마르크스는 다시 《루이 보나파르트의 브뤼메르 18일》에서 "지적(知的) 자기의식은 1세기 동안의 활동으로 모든 전통적 관념을 폐기한다."고 말했다. 자본주의 사회의 허위의식을 폐기하고 계급 없는 사회라는 올바른 의식을 도입할 존재는 프롤레타리아트였던 것이다.

그런데 1848년의 혁명의 실패는, 마르크스가 연구를 시작했을 때 눈앞에 다가온 듯이 보이던 발전에 심각하고 극적인 좌절을 주었다.

19세기 후반은 번영과 편안한 분위기 속에서 지나가버렸다. 현대사로의 역사

---

[5] *Capital*, iii(Engl. transl., 1909), p.369.

적 전환은 20세기가 되어서야 비로소 완성되었다.

현대에 있어서 이성의 일차적인 기능은 이미 사회에서의 인간의 행동을 지배하는 객관적 법칙을 이해하는 것이 아니라, 의식적 행위에 의해 사회와 이를 구성하는 여러 개인을 개조하는 것이 되었다.

마르크스의 경우 '계급'은 비록 엄밀히 정의되어 있지는 않았지만, 전체적으로는 경제적 분석으로 확정되어야 할 객관적 관념으로 남아 있다.

레닌에게는 그 중점이 계급에서 떠나, 계급의 전위를 형성하고 계급의식이라는 중요한 요소를 계급 속에 주입하는 '당(黨)'으로 옮겨져 있다.

마르크스의 경우 '이데올로기'란 자본주의적 사회질서의 허위의식의 산물을 의미하는 부정적인 말이었다.

레닌의 경우 '이데올로기'란 계급의식을 가진 엘리트 지도자가 계급의식을 가질 가능성이 있는 노동자 대중에 심은 믿음 같은 중립적이거나 긍정적인 것이 되어 있다. 계급의식의 형성은 이제 자동적인 과정이라기보다는 수행해야 할 과업이 되었다.

이성에 새로운 차원을 보탠 또 한 사람의 위대한 현대 사상가는 프로이트이다.

오늘날 프로이트는 조금은 수수께끼 같은 인물로 남아 있다. 그는 교육으로 보나 배경으로 보나 19세기의 자유주의적인 개인주의자이며, 개인과 사회 사이의 근본적 대립이라는, 일반적이지만 오해하기 쉬운 가정(假定)을 무조건 수용하고 있다.

프로이트는 인간을 사회적 존재라기보다 생물적 존재로서 보았기 때문에, 사회적 환경을 인간 자신에 의해 계속적인 창조와 변경의 과정에 있는 것보다는 역사적으로 주어진 것으로 다루려는 경향을 갖고 있었다.

마르크스주의자들은 사회적 문제를 개인의 입장에서 보았다고 그를 공격했으며, 또한 그 이유로 반동적이라는 비난을 받았다.

이러한 비난이 프로이트에게는 일부분 옳다고 볼 수 있지만, 현재의 미국 신(新)프로이트 학파에게는 보다 많이 해당되는 것이다. 신프로이트 학파는 부적응이란 개인에 내재하는 것이지 사회구조에 내재하는 것이 아니며 개인을 사회에 적응시키는 것을 심리학의 본질적 기능이라고 보기 때문이다.

프로이트에게 가해지고 있는 또 하나의 일반적인 비난은 인간사에서 비합리적인 것의 역할을 확대했다는 것이다. 이 비난은 전적으로 부당하며, 또 인간 행위에서 비합리적 요소를 인정하는 것과 비합리적인 것을 숭배하는 것을 혼동하고 있다.

오늘날 영어 사용권에서 비합리적인 것에 대한 숭배가, 그것도 단지 이성의 업적과 가능성을 경시하는 형태로 존재하고 있다는 것은 불행하게도 사실이다. 이에 대해서는 나중에 다시 말하겠지만, 이것은 현대의 비관주의와 초보수주의 풍조의 일부분이다.

그러나 이것은 프로이트에서 유래하는 것이 아니다. 그는 절대적인 합리주의자, 아니 오히려 순진한 합리주의자였다. 프로이트가 한 일은 인간 행위의 무의식적인 근원을 폭로함으로써 의식이나 합리적 탐구에 대한 우리의 지식과 이해의 폭을 넓힌 것이다.

이것은 이성의 영역의 확대이며, 인간이 자신을, 따라서 자신의 환경을 이해하고 지배하는 힘을 증대시키는 일이다. 그리고 그것은 혁명적이고 진보적인 성취를 의미한다.

이 점에서 프로이트는 마르크스의 일과 충돌하는 것이 아니라 마르크스의 일을 보완하고 있다.

프로이트 자신은 고정불변의 인간성이라는 사고방식에서 완전히 벗어나지는 못했지만, 인간 행위의 근원을 보다 깊이 이해하고 합리적 과정을 통하여 그것을 의식적으로 바꾸기 위한 도구를 마련해 주었다는 의미에서 현대 세계에 속하는 사람이다.

역사가의 눈으로 보면, 프로이트는 특히 두 가지 의미에서 중요하다. 첫째, 그는 사람들이 자기 행동의 동기라고 주장하거나 믿는 것에 의해서 실제로 그들의 행동을 충분히 설명할 수 있다는 낡은 환상의 관(棺)에 마지막 못을 박은 사람이다.

확실히 이것은 중요한 것이지만, 그러나 소극적인 업적이다. 물론 광신자들 속에서는 정신분석의 방법으로 역사상 위인들의 행동을 해명할 수 있다는 적극적인 주장이 제기되어 있지만, 이것은 좀 줄여서 들을 필요가 있다. 정신분석의 방법은 진찰을 받는 환자에 대한 반대신문에 의해서만 성립되는 것인데, 죽은 사람을 상대로 반대신문을 할 수는 없는 것이다.

둘째로, 프로이트는 마르크스의 업적을 보충하면서 역사가들에게 자기 자신을, 역사에서의 자기 지위를, 자기의 주제와 시기의 선택, 사실의 선택과 해석을 이끌어온 동기(아마도 숨은 동기겠지만)를, 자신의 시각을 결정하고 있는 국가적·사회적 배경을, 자신의 과거관을 형성하는 미래관 등을 음미하라고 권고했다.

역사가는 마르크스와 프로이트의 저술이 나온 이후로 자기를 사회의 밖이나 역사의 밖에 초연히 서 있는 개인이라고 생각할 구실을 잃었다. 지금은 자기의식의 시대이다. 역사가는 자기가 무엇을 하고 있는지 알 수 있고, 또 알지 않으면 안 된다.

내가 현대 세계로의 전환이라고 말하는 것(다시 말해서, 이성의 기능과 힘이 새로운 영역으로 확대된다는 의미)은 아직 끝나지 않았다. 그것은 20세기의 세계가 통과하고 있는 혁명적 변화의 일부분이다. 나는 이 전환의 몇 가지 중요한 징후를 검토해 보려고 한다.

경제에서부터 시작해 보자. 1914년까지는 객관적인 경제법칙이 인간이나 국가의 경제적 행동을 지배하고 있어서, 그것을 무시하면 자기들이 손해를 보리라는 믿음이 아직 확고부동했다. 경기순환·가격변동·실업 등은 모두 이런 법칙에 의해 결정되었다. 대공황이 시작된 1930년까지도 이러한 견해가 지배적이었다.

그런데 그 뒤 사태가 급변했다. 1930년대가 되자 사람들은 '경제적 인간의 종말'이라는 말을 하기 시작했다. '경제적인 인간'이란 시종일관 경제법칙에 따라서 자기의 경제적 이익을 추구하는 인간이라는 의미이지만, 그 후로는 19세기의 립 밴 윙클 같은 사람을 제외하고는 아무도 이런 뜻의 경제법칙을 믿지 않게 되었다.

오늘날의 경제학은 몇몇 이론적인 수식(數式)의 조합이나, 한 사람이 주변의 다른 사람을 어떻게 밀어내는가 하는 따위의 실제적인 연구이다.

이런 변화는 주로 개인 중심의 자본주의가 대규모 자본주의로 전환함에 따라 생긴 결과이다.

개인적인 기업가나 상인들이 우세했던 동안은, 경제를 통제하거나 경제에 중대한 영향을 끼칠만한 힘을 가진 사람이 있으리라고는 생각할 수 없었다. 비개인적인 법칙과 과정의 환상이 살아 있었던 것이다.

잉글랜드 은행이 최대의 힘을 떨치고 있던 시대에도, 그것은 교묘한 관리자라든가 조종자라고 생각되기보다는 경제 경향의 객관적인 반자동적 등록자로서 생각되었던 것이다.

그런데 자유방임경제에서 통제경제로의(자본주의적 통제경제이거나 사회주의적 경제이거나, 다시 말해서 통제가 명목만으로 대규모의 자본주의자에 의해서 행해지든 국가에 의하여 행해지든) 전환과 더불어 이 환상은 사라져버렸다.

어떤 사람들이 어떤 목적을 위해서 어떤 결정을 하고 그 결정이 우리를 위한 경제의 진로를 결정한다는 것은 분명한 일이다. 오늘날에는 누구나 다 알고 있듯이, 석유나 비누의 가격이 수요와 공급의 객관적 법칙에 따라서 변동되지는 않는다. 불경기나 실업이 인공적인 것임은 누구나 알고 있거나 최소한 알고 있다고 생각하고 있다. 정부는 그것을 극복할 방법을 알고 있다고 인정할 뿐만 아니라 주장까지 하고 있다.

자유방임적인 것에서 계획적인 것으로, 무의식적인 것에서 자기의식적인 것으로, 객관적인 경제법칙에 대한 믿음에서 인간은 자기 행위에 의해서 자기 자신의 경제적 운명의 지배자가 될 수 있다는 믿음으로 전환이 이루어진 것이다. 사회정책은 경제정책과 함께 진행되어 왔으며, 사실상 경제정책이 사회정책 속에 통합되어 버린 것이다.

1910년에 출판된 제1차 《케임브리지 근대사》의 마지막 권에서, 어떤 집필자(마르크스주의자는 결코 아니고, 아마도 레닌의 이름은 들은 적도 없을 것 같다)의 매우 날카로운 소견을 인용해 보겠다.

"의식적인 노력에 의해 사회개혁이 가능하다는 믿음은 자유를 만병통치약이라고 생각하는 믿음과 대체된 유럽의 지배적인 정신적 조류이다……. 현재 유행되고 있는 그런 믿음은 프랑스 혁명 당시 인권(人權)에 대한 신앙과 마찬가지로 중요하고 의미 있는 것이다."[6]

이런 글이 씌어진 지 50년이 지나고, 러시아 혁명이 일어난 지 40년이 지났으며, 대공황 뒤 30년이 경과한 오늘날, 이러한 믿음은 상식적인 이야기가 되어버렸다.

합리적이라는 말을 듣기는 해도 인간의 통제권 밖에 있던 객관적인 경제법칙에 복종하던 시기에서, 인간이 의식적 행위에 의해 자기의 경제적 운명을 통제하는 능력을 가졌다고 믿는 이러한 시기로의 전환은, 내가 보기에 인간사에 대한

---

[6] *Cambridge Modern History*, xii(1910), p.15. 이 장(章)의 집필자는 S. Leathes였으며, 그는 《케임브리지 근대사》의 편집자 중 한 사람이었으며, 또 공무원 임용위원회 이사였다.

이성의 적용에 있어서의 도약, 자기 자신과 자신의 환경을 이해하고 지배하는 인간 능력의 증대를 나타내는 것이며, 필요하다면 이것을 진보라는 낡아빠진 이름으로 불러도 좋다고 생각한다.

이와 비슷한 과정은 다른 분야에서도 진행되고 있지만, 여기서는 그것을 상세하게 논할 여유가 없다. 우리가 이미 보아온 것처럼 오늘날에는 과학도 자연의 객관적인 법칙을 탐구하고 증명한다기보다는, 여러 가지 가설들을 짜맞추어 그것으로 인간이 자연을 자기 목적에 알맞게 사용해서 자기의 환경을 변형시킬 수 있다는 식으로 생각하고 있다.

더욱 중요한 것은 인간이 이성의 의식적인 움직임으로 자기의 환경을 바꿀 뿐만 아니라, 나아가서 자기 자신을 변형하기 시작했다는 사실이다.

18세기 말 맬서스(T. R. Malthus)는 한 획기적인 저서에서, 아담 스미스의 시장의 법칙과 마찬가지로 아무도 그 과정을 의식하지 않는 가운데서도 작용하고 있는 객관적인 인구(人口) 법칙을 확립하려고 했다.

그러나 오늘날에 와서는 아무도 이런 객관적인 법칙을 믿지 않는다. 오히려 인구 통제는 합리적이고 의식적인 사회정책의 문제가 되었다. 오늘날에는 인간의 노력으로 수명을 연장시킬 수 있고 여러 세대간 인구의 균형을 바꾸는 일이 실시되고 있다.

또한 인간의 행동에 영향을 주기 위해서 약품이 사용된다든가, 성격 개조를 위해서 외과수술을 한다는 이야기를 듣고 있다.

인간과 사회는 인간의 의식적인 노력에 의해 우리의 눈앞에서 변화해 가고 있다.

그러나 이러한 변화 가운데서 가장 중요한 것은, 설득과 교육의 현대적 방법이 발달하고 적용됨에 따라 생긴 변화일 것이다. 오늘날 각계각층의 교육자는 사회를 특정한 유형으로 만들기 위해서, 또 이런 형태의 사회에 적당한 태도, 충성심,

의견을 젊은 세대에게 주입시키기 위해서 더욱더 의식적인 노력을 기울인다. 교육정책은 합리적으로 계획된 모든 사회정책의 중요한 부분이 되었다.

사회 속의 인간에게 적용된 이성의 주요 기능은 이미 탐구하는 일보다는 변경하는 일인 것이다. 이와 같이 합리적 과정을 적용하여 사회적·경제적·정치적인 현상의 통제를 진행시키는 인간의 힘에 대한 의식이 높아진 것은 20세기 혁명의 중요한 측면 중 하나인 것 같다.

이러한 이성의 확대는, 내가 지난번 강연에서 '개인화'라고 부른 과정(문명의 발전에 따른 개인의 기능, 직업 및 기회의 다양화)의 일부에 지나지 않는다. 산업혁명이 낳은 가장 광범위한 사회적인 결과는, 아마도 사고하는 것을 배운 사람들, 자기의 이성을 사용할 줄 알게 된 사람들이 점차로 늘어났다는 점일 것이다.

영국에서는 점진주의에 대한 열정이 대단해서 이 움직임은 때로 눈에 거의 안 뜨일 정도이다. 영국인은 거의 1세기 전부터 초등 의무교육이 보급되었다는 명예 위에 안주하여 고등교육의 보급은 별로 성과도 없고 속도도 그다지 빠르지 않다.

이것도 영국인이 세계를 이끌고 있을 때였다면 그다지 큰 문제가 되지 않았을 것이다. 우리보다 바쁘게 서두르는 사람들이 우리를 따라잡고, 또 무슨 일이나 기술적 변화에 의해 그 속도가 가속되고 있는 지금, 이것은 큰 문제이다. 사회적 혁명과 기술적 혁명 및 과학적 혁명은 동일한 과정의 중요한 부분이기 때문이다.

만일 개인화 과정에 대해서 학문적 본보기를 요구한다면, 지난 5, 60년 동안 역사나 과학 또는 그밖의 학문 분야에서 일어난 무한한 다양화를, 그 결과로서 개별적인 전문화가 얼마나 다양해졌는가를 생각해 보라.

그러나 나는 서로 다른 방면에서 일어난 이 과정의 두드러진 예를 알고 있다. 벌써 30년 전의 일이지만, 소련을 방문한 한 독일군 고위 장교가 소련 공군의 창설에 심혈을 기울이고 있던 소련 장교한테서 다음과 같은 시사적인 말을 들었다.

"우리 러시아 사람들은 아직도 원시적인 인간을 다루어야만 한다. 우리는 우리가 구할 수 있는 조종사의 유형에 비행기를 맞추지 않을 수 없다. 우리가 새로운 형의 인간을 잘 발달시키면, 자재의 기술적인 발전도 완성을 보게 될 것이다. 두 가지 요소는 서로가 제약하고 있다. 원시적인 인간을 복잡한 기계에 맞출 수는 없다."[7]

그 뒤 불과 한 세대밖에 지나지 않았지만, 오늘날 러시아의 기계가 이미 원시적이 아니라는 것, 그 기계를 설계하고 조립하고 조작하는 몇 백만의 러시아 사람들은 이미 원시적인 인간이 아니라는 사실을 우리는 알고 있다.

나는 역사가이므로 후자의 현상에 흥미가 있다. 생산의 합리화는 그보다 훨씬 중요한 것, 곧 인간의 합리화를 의미한다.

오늘날은 온 세계에서 원시인이 복잡한 기계의 사용법을 배우고, 그 일을 통하여 사고하는 방법과 자기 이성의 사용법을 배우고 있다. 이런 혁명은(사회혁명이라고 불러도 틀리지는 않지만, 나는 현재의 문맥으로 보아 이성의 확대라고 부르고 싶다) 이제 겨우 시작되었을 뿐이다. 그러나 그것은 지난 30년 동안의 놀라운 기술적 진보에 처지지 않으려고 맹렬한 속도로 달려오고 있다. 내가 보기에는 이것도 20세기 혁명의 중요한 측면 중 하나인 것 같다.

만일 내가 여기서 현대 세계에서 이성에게 부가되고 있는 역할이 위험하다든가 의심스럽다는 측면에 주의를 기울이지 않는다면, 현대의 비관론자나 회의주의자는 분명히 항의를 제기할 것이다.

지난번 강연에서 나는 이상과 같은 의미의 개인화의 증대가 획일성과 통일성

---

[7] *Vierteljahrshefte fur Zeügeschichte*(Munich), i(1953), p.38.

을 요구하는 사회적 압력의 약화를 의미하는 것은 결코 아니라고 말했었다. 이것은 바로 복잡한 현대사회의 역설 중의 하나이다.

교육은 개인의 능력이나 기회의 확대, 따라서 개인화의 증대를 진척시키는 데 필요한 강력한 도구이지만, 동시에 이익집단이 장악하면 사회적 통일성을 촉진시키는 강력한 도구가 되기도 한다.

라디오나 텔레비전은 책임을 더 자각해야 할 것 같다든가 신문은 좀더 책임감을 가지기 바란다는 등의 호소를 자주 듣지만, 이러한 호소는 우선은 비난하기 쉬운 일부의 부정적 현상이다.

그런데 이런 호소는 라디오, 텔레비전, 신문 등 강력한 대중적 설득의 수단을 사용해서 바람직한 취미나 의견을(바람직하다는 것의 기준은 그 사회의 전통적인 취미와 의견에 있지만) 주입해 주었으면 하는 호소로 급변해 버린다. 이러한 운동은 그것을 추진하는 사람들의 입장에서 본다면, 어떤 바람직스러운 방향으로 개개의 구성원을 형성함으로써 그런 방향으로 사회를 유도하기 위한 의식적이고 합리적인 과정인 것이다.

또 한 가지 이런 위험의 두드러진 예는 상업적 광고업자나 정치적 선전가에 의해서 제공되고 있다.

사실 대부분의 경우 이 두 가지 역할이 겹치고 있다. 정당의 입후보자나 전문적인 기업가들은 미국에서는 공공연히, 영국에서는 약간 쉬쉬하면서 광고업자를 고용하여 자기들이 직면해 있는 문제를 해결하려 한다. 형식적으로는 달라도 이 두 가지 방법은 놀랍도록 닮았다.

전문적 광고업자와 대정당의 선전 간부는 모두가 매우 지적인 사람들이며, 자기들의 일에 도움이 되는 모든 이성적 수단을 이용한다. 그러나 이성이라고는 하지만, 다른 경우에서 검토한 바와 같이 연구를 위해서만 사용되는 것이 아니라 건설적으로도 사용되며, 그것도 정적으로가 아니라 동적으로 사용되고 있는 것이다.

전문적인 광고업자나 선거운동 지도자에게 우선적으로 문제가 되는 것은 현존하는 사실이 아니다. 그런 사람들이 관심을 갖는 것은, 단지 최종 결과에 비추어 보아 소비자나 유권자가 지금 무엇을 믿고 또 바라고 있느냐 하는 것, 다시 말해서 소비자나 유권자를 능숙하게 조종하여 그들이 무엇을 믿고 또 바라도록 할 수 있는가 하는 것이다.

더욱이 이들은 대중심리의 연구를 통해 자기들의 의견을 받아들이게 하는 가장 좋은 방법은 고객이나 유권자의 심리 속 비이성적인 요소에 호소하는 것임을 알고 있기 때문에, 우리는 결국 전문적인 기업가나 정당 지도자 등 엘리트가 전례 없이 발전된 합리적 과정을 통하여 대중의 비이성적 요소를 이해하고 이용하여 목적을 달성하는 광경을 보는 것이다.

호소는 이성을 겨냥하지 않고 대부분 오스카 와일드가 "지적인 것보다 낮은 것을 노린다."고 말한 방법으로 활용되고 있다. 위험을 과소평가한다는 책망을 들으면 곤란하기 때문에 나는 이 광경을 약간 과장하였다.[8]

그러나 이것은 전체적으로 사실이며, 다른 여러 분야에도 쉽게 적용할 수 있는 것이다. 어떤 사회나 지배적인 집단은 다소간에 강제적인 수단을 사용하여 대중의 의견을 조직화하고 통제하는 법이다. 이 방법은 이성의 남용을 낳고 있기 때문에 다른 방법보다 나쁘게 생각된다.

이런 심각하고 정당한 비난에 응수하기 위해서 나는 두 가지 논점을 가지고 있다.

첫째는 잘 알려진 것으로서, 역사의 흐름 속에서 발견된 모든 발명, 모든 혁신, 모든 새로운 기술은 긍정적인 면과 더불어 부정적인 면을 갖고 있었다는 것이다.

희생은 언제든지 누군가가 치러야만 하는 것이다. 인쇄술이 발명된 후 비평가

---

[8] 보다 더 구체적인 논의는 나의 *The New Society* (1951), ch. 4 전문을 참조.

들이 그것을 그릇된 사상의 전파를 돕는 것이라고 말할 때까지 얼마나 시간이 흘렀는지 나는 모른다.

오늘날에는 자동차의 출현으로 인해 빚어진 교통사고 사망자 명단을 보고 슬퍼하고, 또 일부 과학자들은 그것이 파괴적으로 사용될 수 있다는 이유로, 아니 사용되었다는 이유로 원자력 개발의 방법과 수단을 발견한 것을 후회하고 있다.

그러나 일찍이 이러한 불평이 새로운 발견이나 발명의 진행을 막는 역할을 한 적은 없으며, 또한 앞으로도 그럴 것이다. 우리가 대중 선전의 기술이나 가능성에 대해서 얻은 지식은 간단히 망각될 수 없는 것이다.

말이나 마차를 이용하던 옛날로, 자유방임적인 자본주의로 돌아갈 수 없는 것과 마찬가지로, 로크주의자나 자유주의자가 이론화한 소규모의 개인주의적 민주주의로(19세기 중엽의 영국에서 부분적으로 실현된 바 있는) 다시 돌아갈 수는 없다.

오히려 이러한 폐단에는 그 교정책도 따르게 마련이라고 말하는 것이 옳은 해답일 것이다. 구제책은 비합리주의를 예찬하거나 현대 사회에 있어서의 이성의 확대된 역할을 거부하는 데 있는 것이 아니라, 이성이 할 수 있는 역할을 철저하게 의식하는 데에 있는 것이다. 현재는 기술적 및 과학적 혁명의 결과로, 사회의 모든 차원에서 이성 사용의 증대가 강제되고 있고 보면, 이것은 낙관적인 꿈이 아니다. 역사상의 모든 큰 발전이 그랬던 것처럼 이 전진에도 치러야 할 희생과 손실이 있고, 피할 수 없는 위험도 있다.

하지만 회의주의자들이나 냉소주의자가 뭐라고 하든, 파멸의 예언자들, 특히 지금까지의 특권적 지위가 파헤쳐지고 허물어져 가는 나라의 지성인 사이에서 찾아볼 수 있는 예언자들이 뭐라고 하든, 나는 서슴지 않고 이것을 역사에 있어서의 진보를 나타내는 뛰어난 사례로 보고 싶다. 아마도 이것은 우리 시대의 가장 주목할 만하고 가장 혁명적인 현상일 것이다.

우리가 통과하고 있는 점진적인 혁명의 두 번째 측면은 세계의 변화하는 모습이다.

15, 6세기는 중세 세계가 마침내 무너지고 근대 세계의 기초가 마련된 위대한 시대였지만, 신대륙(新大陸)의 발견과 지중해 연안에서 대서양 연안으로 세계의 중심이 이동한 것이 두드러진 특징이었다.

이에 비하면 프랑스 혁명은 소규모의 동란이었지만, 그 프랑스 혁명조차도 신대륙을 끌어넣어 구세계와의 균형을 회복하는 지리적인 결과를 초래하였다. 그러나 20세기의 혁명이 빚은 변화는 16세기 이래의 어떤 사건보다 훨씬 굉장한 것이었다.

약 4백 년 후, 세계의 중심은 결정적으로 서유럽에서 떠나버렸다. 서유럽은 그 외부에 있는 영어 사용권과 함께 북미 대륙의 속령(屬領)이, 혹시 속령이라는 말이 귀에 거슬린다면 미국에서 발전소와 관제탑의 두 역할을 맡긴 국가군(國家群)이 되어버렸다.

그러나 이것은 유일한 변화도 아니고, 가장 중요한 변화도 아닐 것이다. 현재 세계의 중심이 서유럽이라는 별관(別館)을 포함하는 영어 사용권에 있는가, 또한 앞으로 얼마 동안 거기에 있을 것인지는 결코 분명하지 않다.

오늘날 세계를 좌우하는 것은 동유럽, 아시아, 아프리카에 이르는 거대한 지역인 것 같다. '변하지 않는 동방'이라는 말은 오늘날에는 이미 너무 낡아빠진 상투어이다.

잠시 20세기의 아시아에서 일어난 일을 보기로 하자. 이야기는 1902년 영·일 동맹(英日同盟) 때부터, 다시 말하면 아시아의 한 나라가 유럽 열강이라는 마법의 고리에 처음으로 끼여들었던 때부터 시작된다. 일본이 러시아에 도전하고 승리하여 자국의 발전을 과시했으며, 이것으로 20세기의 대혁명이 불타오르게 하는 최초의 불을 붙인 것은 아마도 우연의 일치였을 것이다.

1789년과 1848년 프랑스 혁명을 모방한 나라가 유럽에 있었다. 1905년의 제1차 러시아 혁명은 유럽에서는 호응을 일으키지 못했지만, 아시아에서는 모방하는 나라가 나타나기 시작해서 그 후 몇 년 동안에 페르시아, 터키, 중국에서 혁명이 일어났다.

제1차 세계대전은 엄밀한 의미에서는 세계 전쟁이 아니라 유럽의 내란일 뿐이었지만(유럽이라는 실체가 존재한다고 가정한다면) 이것이 세계적인 영향을 미쳤다.

이 영향 가운데는 아시아 여러 나라의 산업의 발전, 중국의 배타적 감정, 인도의 민족주의를 자극하고, 아랍 민족주의를 탄생시킨 것 등이 포함된다.

1917년의 러시아 혁명은 그 이상의 결정적인 자극을 주었다. 여기서 러시아 혁명의 지도자들은 유럽에 모방자가 나타나기를 끈기있게 기다렸으나 헛일이 되었고, 오히려 아시아에서 모방자를 발견했다는 것은 의미 있는 일이다.

'변화하지 않는 것'은 유럽일 뿐 아시아는 움직이기 시작하고 있었던 것이다. 누구나 다 아는 이야기를 현재까지 더듬어 내려올 생각은 없다. 역사가가 아시아와 아프리카에 있어서의 혁명의 크기나 의의를 평가한다는 것은 아직은 무리이다.

그러나 현대의 기술적·공업화의 과정이 아시아와 아프리카의 몇 백만 민중 사이로 퍼져나가고 초보적인 교육과 정치의식이 보급되면서부터 그것이 이 대륙들의 모습을 바꾸고 있는 것이다. 그리고 내가 미래를 엿볼 수 없는 한, 나로서는 이런 변화를 세계사적 전망에 있어서 하나의 전진적인 발전이라고 보는 것 이외에는 다른 판단 기준을 알지 못한다.

세계 문제에 있어서의 영국의 비중은 이러한 사건들로 인한 세계의 변화에 따라 확실히 상대적으로 저하되었으며, 아마도 영어 사용권 나라들의 비중도 저하되었을 것이다.

그러나 상대적인 저하는 절대적 저하와 다르다. 내가 불안해 하고 걱정하는 것은 아시아나 아프리카에서의 진보의 행진이 아니라, 영국 같은(아마도 다른 곳에서도 마찬가지이겠지만) 지배적 집단이 이런 발전을 맹목적인 또는 몰이해의 눈으로 바라보며, 불신에 찬 경멸과 상냥한 겸손 사이에서 동요하는 태도를 보이면서 과거에 대해 뼈저린 향수에 빠지는 경향이 있다는 것이다.

내가 20세기 혁명에 있어서 이성의 확대라고 말한 것은 역사가에게는 특별한 결과를 갖게 되었다. 이성의 확대는 본질적으로 지금까지 역사 밖에 있었던 집단과 계급, 민족과 대륙이 이 역사의 내부에 나타난 것을 의미하기 때문이다.

첫번째 강연 때 나는, 중세사가는 그 사료(史料)의 배타적인 특성 때문에 중세사회를 종교라는 안경을 끼고 보는 경향이 있었다고 주장하였다.

이에 대한 설명을 좀더 진행시켜 보겠다. 중세의 교회가 '중세의 유일한 합리적인 제도'였다는 것은 분명히 좀 과장이 있지만, 나는 그랬으리라고 생각된다. 교회가 유일한 합리적 기관일 경우에는 유일한 역사적 기관이기도 했던 셈이며, 교회만이 역사가가 이해할 수 있는 발전의 합리적 과정에 속해 있었던 것이다.

세속적 사회는 교회에 의해서 형성되고 조직되어 왔으며, 따라서 사회 그 자신이 합리적 생명을 가진 것은 아니었다. 민중은 선사시대 민중과 마찬가지로, 역사의 일부이기보다는 자연의 일부였던 것이다.

그러나 많은 민중이 점점 더 사회적·정치적인 의식을 갖게 되고, 과거와 미래를 가진 역사적 실체로서의 각자의 집단을 자각하게 되어 완전히 역사에 등장하게 되었을 때 근대의 역사는 시작되었다.

사회적·정치적·역사적인 의식이 대부분의 민족에 퍼지기 시작한 것은, 소수의 선진국에서조차 고작 최근 2백 년 전의 일이다. 완전한 의미에서 역사에 등장하여 이제 식민지 통치자나 인류학자의 문제라기보다 역사가의 연구 대상이 된 민족들로 구성된 세계 전체를 상상하는 일 자체가 오늘날에 와서야 비로소 가능해졌다.

이것은 우리의 역사관의 한 혁명이다. 18세기의 역사는 여전히 엘리트에 의한 역사였다. 19세기가 되자, 영국의 역사가들은 산발적으로나마 전국민사회(全國民社會)의 역사라는 역사관을 향해서 나아가기 시작했다. 그린(John Richard Green ; 영국의 역사가. 1837~1883)은 부지런히 뛰어다니며 자료를 찾아내는 역사가였지만, 《영국 국민소사(英國國民小史)》를 최초로 써서 명성을 얻었다.

20세기에는 어느 역사가나 최소한 말로라도 이러한 견해를 존중하게 되었다. 실행은 말보다 늦었지만, 나는 이 결함을 계속해서 따지고 싶지는 않다. 나는 우리들 영국의 역사가가 영국 밖으로, 서유럽 밖으로 팽창해 가고 있는 역사의 지평선을 생각지 못한다는 사실에 더욱 관심을 가지고 있기 때문이다.

액턴은 1896년의 보고서에서, 세계사는 '모든 나라의 역사를 결합한 것과는 다른 것'이라고 말하고, 다음과 같이 덧붙였다.

"세계는 여러 나라가 부차적인 연속과정을 따라 움직인다. 여러 나라에 관한 이야기도 하게 되겠지만, 그것은 모두 그 나라들 때문이라기보다 더 높은 연속성에 대한 관계, 그리고 그것과의 종속관계에 있어서 이들 여러 나라가 인류 공통의 복지에 기여한 시기와 정도에 따라서 이야기하게 될 것이다."[9]

액턴이 생각한 의미의 세계사가 모든 진지한 역사가의 문제임은 두말할 필요도 없는 일이었다. 오늘날 이런 의미의 세계사 연구를 진행시키기 위해서 우리는 무엇을 하고 있는가?

이번 강연에서 나는 이 케임브리지 대학의 역사 연구에 대해 언급할 생각은 없다. 그러나 그것은 내가 말하려고 하는 것의 뚜렷한 본보기이기 때문에, 이 어려

---

[9] *Cambridge Modern History : Its Origin, Authorship and Production*(1907), p.14.

운 문제를 피해간다면 나는 아마 비겁자가 되고 말 것이다.

지난 40년 동안 우리의 교과과정 가운데서 미국사(美國史)는 중요한 지위를 차지해 왔다. 이것은 커다란 전진이다. 그러나 그와 함께 전부터 우리의 교과과정을 영구 소유권처럼 중압하고 있던 영국사의 지방주의를 영어 사용권이라는 더 음성적이지만 마찬가지로 위험한 지방주의에 의해 보강한다는 일종의 위험이 생긴 것이다.

영어 사용권의 역사가 지난 4백 년 동안 역사상 위대한 시기였다는 사실은 의심할 여지가 없다. 그러나 그것을 세계사의 중심으로 취급하고 그외의 다른 것은 모두 그 주변적인 요소로 다룬다는 것은 왜곡된 견해이다.

이런 일반적인 왜곡을 바로잡는 일이야말로 대학의 사명이다. 이 대학에서의 근대시 강의는 이 사명을 다한다는 점에서 부족한 점이 있다. 영어 이외의 근대어에 대해서 충분한 지식을 가지지 못한 사림에게 일류 대학에서 역사의 우등졸업 학위시험을 볼 수 있도록 한 것은 분명히 잘못된 일이다. 전통과 명예에 빛나는 옥스퍼드 대학의 철학과에서 연구자들이 평이한 일상 영어로 만사를 잘 해낼 수 있다는 결론에 도달했을 때 어떻게 되었던가, 이것은 타산지석(他山之石)으로 삼아야 할 것이다.

학위시험의 수험생이 유럽 대륙의 어느 나라 근대사에 대해서 교과서 수준 이상의 것을 연구하려고 할 때, 아무런 편의도 제공되지 않는다는 것은 분명히 잘못된 일이다. 아시아, 아프리카, 라틴 아메리카의 사정에 대해서 약간의 지식을 가진 수험생이 있다고 해도 '유럽의 확대'라는 19세기풍의 거창하고 오만스런 표제의 문서로 이 지식을 피력할 만한 기회는 매우 한정되어 있다.

이 표제는 불행하게도 내용과 일치한다. 수험생들은 중국이나 페르시아같이 중요한 사료를 풍부하게 가진 나라들에 대해서까지도 유럽인이 이 나라들을 차지하려고 했을 때 일어난 사건 이외에는 어떠한 것도 알 필요가 없기 때문이다.

이 대학에서 러시아, 페르시아, 중국의 역사에 관한 강의가(강의하는 사람은 역사학과의 교수가 아니지만) 실시되고 있다는 말을 들었다. 그러나 5년 전 중국어 교수가 그 취임 연설에서 '중국이 인류사의 주류 밖에 있다고 볼 수는 없다'는 확신을 피력했을 때, 케임브리지의 역사가들은 귀머거리가 된 듯하였다.

장차 지난 10년 동안 케임브리지 대학이 낳은 최대의 역사적 저술로 평가될 수 있는 것은 전적으로 역사학과 밖에서, 더욱이 전혀 역사학과의 아무런 도움 없이 씌어진 책이다. 내가 말하는 것은 니덤(Joseph Needham ; 영국의 생화학자, 과학사가. 1900~1995) 박사의 《중국의 과학과 문명》이다.

이것은 정신이 번쩍 드는 이야기이다.

그들이 20세기 중엽의 대부분의 영국 대학과 영국 지식인들의 일반적인 전형이라고 믿지 않았다면, 나는 이런 내막을 세상에 폭로하려 하지 않았을 것이다.

"영·불해협(英佛海峽)에 폭풍우가 일면…… 대륙은 고립된다."는 빅토리아 시대의 섬나라 근성을 드러낸 이 낡은 농담이 오늘날 기분 나쁠 만큼 절박한 여운을 갖고 있다. 이번에는 바깥 세계에서 폭풍우가 일어나고 있는 것이다.

영어 사용권의 여러 나라 사람들이 모여 앉아서 다른 나라나 대륙이 그들의 황당한 행동으로 인해 우리 문명의 은혜와 축복으로부터 고립되어 있느니 없느니 하고 평이한 일상 영어로 떠들어대는 동안, 우리는 마치 이해할 능력도 성의도 없어서 세계의 현실적인 움직임으로부터 고립되어 있는 것 같다.

첫번째 강연 서두에서 나는 19세기 말엽과 20세기 중엽을 갈라놓는 명료한 관점의 차이에 주의를 환기시킨 바 있다. 이제 마지막에 즈음하여 그 차이를 좀더 자세히 설명해 볼까 한다.

여기서 내가 '자유'와 '보수'라는 말을 하더라도 그것을 영국의 대표적 두 정당의 명칭과 동일한 의미로 사용하는 것이 아니라는 점은 쉽게 이해할 수 있을 것이다.

액턴이 진보에 대해서 논했을 때, 그는 '점진주의'라는 널리 알려진 영국적 개념으로 생각했던 것은 아니다.

'혁명, 즉 이른바 자유주의'라는 이 깜짝 놀랄 만한 구절은 1887년의 편지에서 따온 것이다.

그 뒤 10년이 지나서 근대사에 관한 어느 강의에서 그는 "근대의 진보의 방법은 혁명이었다."고 말했다.

또 다른 강연에서는 "우리는 그 일반적 사상의 출현을 혁명이라고 부른다."고 말했다. 그 설명은 미발표 원고의 한 주(註)에서 찾아볼 수 있다.

"휘그는 타협에 의해 통치해 왔지만, 자유당은 사상의 지배를 시작한다."[10]

액턴은 '사상의 지배'는 자유주의를 의미하고, 자유주의는 혁명을 의미한다고 믿고 있었다. 액턴이 살아 있는 동안에는 자유주의가 사회적 변화의 원동력으로서의 힘을 잃지 않고 있었던 것이다. 오늘날에는 자유주의 가운데에서 살아남은 것은 어디서나 사회의 보수적인 요소가 되었다.

오늘날 액턴으로 돌아가자고 역설해 봐야 무의미하다. 그러나 역사가에게 있어서 중요한 것은 첫째, 액턴의 입장을 밝혀야 하고, 둘째, 액턴의 입장과 현대 사상가의 입장을 비교해야 하며, 셋째, 액턴의 입장 가운데서 어떤 요소가 여전히 오늘날 타당한가를 연구하는 것이다.

물론 액턴의 시대는 오만한 자신감과 낙관주의에 의해서 압도되고, 그 믿음의

---

[10] 이러한 대목에 대해서는 Acton, *Selections from Correspondence*(1917), p.278 : *Lectures on Modern History*(1906), pp.4, 32:Add. MSS. 4949(in Cambridge University Library)를 참조할 것. 위에서 인용한 1887년의 편지에서 액턴은 구(舊)휘그에서 신(新)휘그(즉 자유당원)로의 변화를 '양심의 발전'이라고 부르고 있다. 여기서 '양식(conscience)'은 분명히 '의식(consciousness)'의 발전과 관련되어 있으며, '사상의 지배'와 일치하는 것이다. 스텁스도 프랑스 혁명을 경계로 근대사를 두 시기로 나누었다. "전기는 권력·폭력·왕조(王朝)의 역사이고, 후기는 사상이 권리와 형태를 얻는 역사이다."

기본 구조가 불안정한 것임을 충분히 파악하지 못했다. 그러나 액턴의 시대에는 우리가 오늘날 절실하게 필요로 하는 두 가지, 즉 변화를 역사에 있어서의 전진적인 요소로 보는 감각과, 이성이란 변화의 복잡한 모습을 이해하기 위한 우리의 길잡이라는 믿음을 갖고 있었다.

이쯤에서 1950년대의 소리를 좀 들어보기로 하자. 지난번 강연에서 나는 L. 네이미어 경이 만족스런 뜻을 나타내어 '구체적인 문제'를 위해 '실천적인 해결'이 요구되는 반면, '양당(兩黨)이 다 정강(政綱)과 이상을 잊고 있다'면서, 이것을 '국민적 성숙'의 증거라고 한 말을 인용하였다.

나는 이와 같이 개인의 일생과 국민의 생애를 비교하는 것을 좋아하지 않는다. 이런 비교를 들고 나오면, '성숙'의 단계를 지난 후에는 무엇이 오느냐고 묻고 싶어진다. 내가 관심을 가지는 것은, 한편에서는 실천적인 것이나 구체적인 것을 칭찬하고, 다른 한편으로는 정강이나 이상을 비난하는 양자의 명확한 차이이다.

이와 같이 실천적 활동을 이상적 이론화보다 위에 놓는 것은, 두말할 것도 없이 보수주의의 증명서이다. 네이미어의 견해에 따르면 이것은 액턴의 소위 혁명과 사상의 시대가 눈앞에 다가온 것에 항의한 18세기의 소리, 즉 조지 3세 즉위 당시의 영국의 소리를 대표하는 것이다.

그렇기는 해도 오늘날에는 철저한 경험주의의 형태로 철두철미한 보수주의가 여전히 친근하게 표현되어 있어서, 이것이 매우 유행하고 있다.

그 가장 일반적인 형태는 트레버로퍼 교수의 "급진파의 승리는 틀림없이 우리의 것이라고 절규할 때, 현명한 보수파는 그 콧등을 때린다."[11]는 말에서 짐작할 수 있을 것이다.

---

[11] *Encounter*, vii, No. 6, June 1957, p.17.

오크쇼트(Oakeshott) 교수는 이와 같이 유행하는 경험주의를 더 까다로운 형태로 우리에게 제시한다. 그는 말한다. 정치문제에 있어서 우리는 '끝도 없고 바닥도 없는 대양을 항해하고 있으므로, 거기에는 출발점도 없고 약속된 목적지도 없으며', 우리의 유일한 소망은 '수평으로 떠 있는 것'[12]뿐이라는 것이다.

나는 정치적인 '유토피아주의'나 '메시아주의'를 비난하고 있는 최근의 저술가 목록을 만들 필요는 없다고 본다. '유토피아주의'와 '메시아주의'는 미래 사회에 관한 폭넓은 사상을 비웃는 유행어가 되었다.

또한 미국의 역사가와 정치학자가 보수주의에 대한 충성을 공공연히 표명한다는 점에서 영국의 역사가와 정치학자 같은 주저를 보이지는 않지만, 나로서는 미국의 최근 경향을 이야기할 생각이 없다.

다만 미국의 보수주의 역사가 중 가장 뛰어나고 가장 신중한 하버드의 새뮤얼 모리슨(Samuel Morison) 교수를 인용하는 데 그칠까 한다.

1950년 12월 미국 역사학회 회장 취임 연설에서, 그는 이제 소위 '제퍼슨 ― 잭슨 ― 루스벨트 노선'에 대한 반동을 맞이하게 되었다고 공언하고, '건전한 보수주의의 관점에서 쓴'[13] 미국사를 옹호했다.

그러나 적어도 영국에서 다시 한번 이 신중한 보수주의의 관점을 더욱 확실하고 비타협적인 방식으로 표명한 것은 포퍼 교수였다. 그는 '정강이나 이상'을 거부하는 네이미어의 견해에 동의하면서 '어떤 확정된 계획에 따르는 〈사회 전체〉의 개조'를 지향하는 정책을 공격하고, 이른바 '단편적인 사회공학'이라고 불리는 것을 주장하여 '미봉책'이니 '적당히 얼버무린다'느니 하는 비난에는 머뭇거리는 기색조차 보이지 않는다.[14]

---

12 M. Oakeshott, *Political Education*(1951), p.22.
13 *American Historical Review*, No. 1vi, No. 2(January 1951), pp.272~3.
14 K. Popper, *The Poverty of Historicism*(1957), pp.67, 74.

사실 나는 한 가지 점에 있어서는 포퍼 교수에게 찬사를 보낸다.

그는 언제나 이성의 강력한 옹호자로, 과거와 현재를 막론하고 비합리주의로의 탈선과는 전혀 무관했기 때문이다.

그러나 그가 내놓은 '단편적인 사회공학'의 규정을 살펴보면, 그가 이성에 부여한 역할이 얼마나 편협한가를 알 수 있다. '단편적 사회공학'에 대한 그의 정의는 그다지 정확하지 않지만, 특히 '목적'의 비판을 제거하는 점이 강조되어 있고, 그가 정당한 활동이라고 본 신중한 예들('입헌적 개혁'이나 '소득을 보다 평등하게 하려는 경향')을 보면, 그것이 현존 사회라는 전제하에서 활동할 생각임을 금방 알 수 있다.

포퍼 교수의 사고방식에서 보이는 이성의 지위는 사실상 당시의 정부시책을 실시할 자격을 가졌고, 그 활동을 촉진시키기 위한 실제적인 개량책을 제안하는 자격도 가지고 있지만, 근본적인 전제나 궁극적 목표를 의심할 자격은 가지지 못한 영국 관리의 지위와 비슷하다.

이것은 유익한 일이다. 나도 젊었을 때는 공무원이었다. 그러나 이와 같이 이성을 현존 질서의 전제에 종속시키는 것은 나는 도저히 인정할 수 없는 일이다. 이것은 액턴이 혁명 = 자유주의 = 사상의 지배라는 등식(等式)을 제안했을 때의 이성관(理性觀)과는 다르다.

과학이든, 역사든, 사회든, 인간 현상의 진보는 단순히 인간이 기존 제도의 단편적 개량을 구할 뿐만 아니라, 이성의 이름으로 현존 제도에 대해서 근본적인 도전을 시도하는 어려운 각오를 통하여 이룩되는 것이다.

나는 영어 사용권의 역사가와 사회학자, 정치사상가가 이런 작업에 투신하는 용기를 되찾을 날을 고대하고 있다.

그러나 내가 가장 두려워하는 것은, 영어 사용권의 지식인이나 정치사상가들 사이에 이성에 대한 신뢰가 줄어가는 것이 아니라 끊임없이 움직이는 세계에 대한 충분한 감각이 상실되어 간다는 것이다. 이것은 언뜻 역설처럼 들릴 것이다. 우리 주위에서 진행되는 변화가 이렇듯 떠들썩하게 경박한 화제에 오른 적은 없었기 때문이다.

그러나 중요한 것은 이 변화가 이미 성공, 기회, 진보로 받아들여지지 않고, 공포의 대상으로 여겨진다는 점이다.

우리의 대정치가들과 대경제학자들은 급진적이고 원대한 사상을 경계하고, 무엇이건 혁명의 냄새가 나는 것을 멀리해야 하며, 앞으로 나아갈 때는(반드시 나아가야 한다면) 가능한 한 천천히, 신중하라는 경고 이외에는 우리에게 아무 말도 하지 않았다.

지난 4백 년 동안에 그 예를 찾아볼 수 없을 만큼 세계가 급속히, 또한 근본적으로 모습을 바꾸어 가고 있는 이 시기에, 이것은 너무 심한 몰이해로 여겨진다. 이런 몰이해는 세계적인 규모의 운동이 정체되지 않을까 하는 걱정이 아니라, 영국이(혹은 아마도 다른 영어 사용권의 나라들도) 일반적인 전진에 뒤쳐져서 힘없이 단념하고 향수(鄕愁)의 심연 속에 잠겨버리지 않을까 하는 염려의 근거가 되고 있다.

나 자신은 여전히 낙관주의자이다. 네이미어 경이 정강이 이상은 피하라고 경고할 때, 오크쇼트 교수가 우리는 특별히 어디로 가는 것이 아니며, 중요한 것은 보트를 흔드는 인간이 없도록 경계하는 일이라고 말할 때, 포퍼 교수가 조촐한 단편적인 공학을 사용하여 저 사랑스러운 옛 T형(型) 포드 차를 언제까지나 몰고 다니기를 원할 때, 트레버로퍼 교수가 절규하는 급진파의 콧등을 때릴 때, 그리고 모리슨 교수가 건전한 보수주의의 정신으로 서술된 역사를 위해서 웅변을 토할 때, 나는 격동하는 세계, 전통 때문에 갈등하는 세계를 바라보며 어느 위대한 과학자의 오래 된 말을 빌려서 답할 것이다. '그래도 — 그것은 움직인다'라고.

옮긴이의 말

격동과 혼미가 거듭되는 오늘날, 역사에 대한 현대인의 관심은 하루가 다르게 고조되고 있다. 그 동안 수많은 역사 관계 저술들이 출판되었지만 대개가 전문적인 것이어서 일반 독자들이 접근하기 어려웠다. 이미 널리 알려진 E. H. 카(Edward Hallett Carr)의 《역사란 무엇인가》는 바로 이러한 일반 지식층의 욕구를 말끔히 해소시킨 명저였다.

우리는 여기서 탁월한 역사관을 통해 역사의 사실을 인지하는 것에 그치지 않고 역사의 문제점과 그 본질에 접근할 수 있는 것이다. 그것은 이 책이 이전의 역사철학의 저술처럼 난해하지 않으면서 역사 전반에 걸친 문제점에 관해 구체적인 예로써 이해하기 쉽도록 명쾌한 대답을 제시하고 있기 때문이다.

1892년 영국 런던에서 태어난 카는 케임브리지 대학의 트리니티 칼리지를 졸업했다. 그 후 1916년 외무부에 들어가, 1936년까지 약 20년 동안 외교관으로 근무했다.

1936년에는 웨일스 대학의 교수가 되어 국제정치학을 강의했으며 런던 타임스의 부주필(副主筆)로서 언론활동의 일익을 담당하기도 하였다. 이어 1948년, 국제연합의 〈세계 인권선언〉 기초위원회 위원장을 역임하고, 1953년 옥스퍼드 대학에서 정치학을 강의하다가, 1955년 모교인 케임브리지 대학으로 돌아가 트리니티 칼리지의 고급연구원으로 있으면서 후진들에게 역사학을 가르쳤다.

평생의 폭넓은 저술활동을 통해, 국제정치 연구에 학문적 기초를 부여한 것으로서, 국제정치에서 '힘'의 요소를 중요시하고 유토피아주의와 현실주의를 융합시킬 필요성을 주장한 《20년간의 위기, 1919~1939》(1939), 국제정치에 관한 《평화의 조건》(1942)과 《내셔널리즘과 그 이후》(1945), 그의 실용주의적 역사관을 잘 보여주는 《새로운 사회》(1951), 필생의 사업으로 볼 수 있는 《볼셰비키 혁명》(1950~1953)과 《소비에트 러시아사》(1950) 등 주요 저서를 남겼다. 인류 역사에 커다란 획을 그은 그는 1982년 11월 3일 케임브리지 자택에서 생애를 마감했다.

이 책은 E. H. 카가 1961년 1월부터 3월에 걸쳐 모교 케임브리지 대학 강단에서 〈역사란 무엇인가(What is History?)〉라는 제목으로 연속 강연한 것을 묶어 같은 해 가을에 출판한 것이다.

이 책에서 우리는 역사 서술의 방법론에 중점을 둔 비판적 역사철학으로서의 카의 현대문명에 대한 시각을 느낄 수가 있다. 카는 끊임없는 인간사회의 변화로써 성립되는 역사에서 단순한 과거 사실의 재현을 표방하는 실증주의적 견해를 배척한다. 그는, 역사란 과거 사실의 단순한 재현이 아니라 과거의 어떤 사건의 중요성을 인지하고 해석, 평가하여 재구성할 때 확립되는 것이라고 말한다.

역사가는 과거의 사회를 그 연구대상으로 하지만 그가 속한 시대와 사회의 제약을 받기 때문에 그 시대와 사회의 가치관을 반영하지 않을 수 없다. 따라서 카는 역사란 현재 사회와 과거 사회의 끊임없는 대화라고 표현한다.

우리는 카의 이 명저 《역사란 무엇인가》를 통해 맹렬한 과학기술의 발달로 조성된 위기감에서 탈피하고, '과학기술의 발달에 뒤지지 않기 위해 빠른 속도로 진전되고 있다'는 이성(理性)의 확대로써 정신적 측면의 이성이 기계적 과학기술을 통제한다는 낙관적 역사관을 만나게 된다. 이러한 카의 밝은 역사관의 제시가, 또 그 신념이 전세계적으로 널리 읽히는 명저 《역사란 무엇인가》의 강한 매력이 아닌가 한다.

　그러면 카가 이 책에서 역사를 어떻게 인지하고 있는가를 개관하고, 현대문명에 대한 그의 시각을 조명하기로 하겠다. 끊임없이 움직이는 역사의 성립은 인간사회의 지속적인 변화에 있다. 사건과 기록의 두 가지 의미를 갖는 역사는 인간사회의 끊임없는 변화를 전제로 하는 것이다.

　그러나 역사는 현재나 미래의 변화가 아닌 과거에 사회적으로 지대한 영향을 끼친 인간의 행위를 대상으로 한다. 즉 과거 사실의 변화가 역사의 대상인 것이다. 그런데 앞서 말한 바와 같이 역사가는 그가 속한 시대와 사회의 제약을 받기 때문에 역사적 사건을 해석하고 평가하는 기준은 그 당대의 가치관을 반영하지 않을 수 없는 것이다. 따라서 이 기준은 역사가의 관점, 또는 시대와 사회에 따라 다를 수 있다.

　역사가는 모든 과거 사실의 원인들의 상호관계를 설정하고 어떤 사건의 인과관계(因果關係)를 결정하며 특정한 그 사건에 통일성을 부여하지만, 그러한 해석이나 평가의 기준은 절대적인 객관성을 가질 수만은 없다. 그러나 그러한 기준이 유효한 보편성을 끌어낼 수 있다면, 그것은 매우 합리적인 것이다.

　이 합리적인 기준으로써 모든 과정을 카는, 역사의 법칙이 우연적인 것을 통해 굴절하는 과정으로 본 우연사관(偶然史觀)을 배격하고, 또한 역사란 끊임없이 움직이며 진보하지만 그 처음과 끝을 말할 수 있는 법칙이나 목표는 없다고 부인함으로써 역사결정론(歷史決定論)을 배제한다.

　그는 또 역사는 항상 새롭게 해석·평가될 수 있고, 역사를 보는 모든 사람의 시각은 절대적이 아닌 상대적이라고 강조한다.

　결국 카의 이러한 말은 역사란 '현재 사회와 과거 사회의 끊임없는 대화'라는 앞서의 규정으로 귀결된다. 역사가는 과거와의 대화를 통해서 보다 밝은 미래를 위한 교훈을 획득할 수 있고, 그러한 의미에서 역사가에게는 미래에 대한 통찰력이 요구된다는 것이다.

카는 20세기를 중세가 무너지고 근세가 형성된 이후로 가장 큰 혁명적인 변화를 겪고 있는 시대라고 말한다. 과학기술의 발달로 인한 이러한 격변의 시대에 인간은 스스로를 일시에 파멸시킬 수 있는 힘을 갖게 되었다.

그러나 카는 절망적으로 조성된 이러한 비관론적 위기감의 탈피로써 이성의 확대, 즉 개인화의 증대를 통하여 자기의식(自己意識)이 확립되고 강화되는 희망을 제시한다. 다만 민중의 자기의식이 확고한 역사의식(歷史意識)으로 깊어지고, 이성의 확대가 과학과 그 기술의 획일화 요구를 제압하려면 얼마나 많은 시간이 더 필요할는지는 그 누구도 예측할 수 없다.

그러나 이 시대에 무엇보다 중요한 것은 우리가 인류 역사의 진보에 대한 희망을 상실하지 않는 것이다. 역자는 인간 가능성의 진보적 발전에 대한 믿음을 실현하는 의지로써 밝은 미래의 낙관주의적인 역사가 카와 함께 '격동하는 세계, 진통하는 세계'를 바라본다.

(이 책은 Penguin Bkooks, 1970년판을 텍스트로 하였음을 밝혀둔다.)

색인

[색인]

ㄱ

가스퀘트(Gasquet) · 8
'가위와 풀의 역사' · 31
갈릴레이(G. Galileo) · 71
《개방사회와 그 적》 · 113
'거대한 비개인적인 힘' · 54, 60
《거울 속의 세계》 · 130
거일(Geyl) · 52
결정론(決定論) · 88, 110, 114~116, 118, 121~122, 173
《경제학 비판》 · 62
《고된 시기》 · 7
공리주의(功利主義) · 40
《공산당 선언》 · 173
《과학과 가설》 · 72
과학법칙 · 84
《과학적 탐구의 논리》 · 113
괴테(J. W. Goethe) · 156

《국가적 이성의 관념》 · 48
그레셤의 법칙 · 71
그로트(Grote) · 43~44, 48, 83
그리스 · 14, 83, 138
《그리스 역사》 · 43~44
그린(J. R. Green) · 188
급진주의 사상 · 44
'기계수학만큼 정밀한 인간 행동의 수학' · 70
기번(Gibbon) · 31, 65, 78, 112, 124, 139, 158

ㄴ

나치(Nazi) · 49
나폴레옹(Napoleon) · 52, 65~66, 87, 93~95, 114
나폴레옹 3세 · 162

《나폴레옹의 공(功)과 과(過)》 • 52

내셔널 아카이브즈 • 19

냉소주의 • 22, 99, 137

네이미어(L. Namier) • 45~48, 154, 192~193, 195

놀스(D. Knowles) • 94

뉴턴(I. Newton) • 71~72

니덤(J. Needham) • 190

니체(Nitzsche) • 30, 32, 64, 66

니콜라이 1세 • 141

니콜라이 2세 • 56, 151

닐(J. Neale) • 56

ㄷ

다르시(M. C. D'Arcy) 신부 • 91

다윈(Darwin) • 46, 70~71, 142

다이시(A. V. Dicey) • 110

단테(Dante) • 43

대경제공황 • 62

댐피어(Dampier) • 140

던(J. Donne) • 37

데카르트(R. Descartes) • 170

도스토예프스키(F. M. Dostoevskii) • 38

도이쳐(I. Deutscher) • 58

도지슨(C. L. Dodgson) • 131

《독일의 파국》 • 49

독일 혁명 • 43

뒤르켐(Durkheim) • 38

디킨스(C. Dickens) • 7

딜타이(W. Dilthey) • 23

ㄹ

라살(F. Lassalle) • 71

라이엘(Lyell) • 70~71

라인란트 • 19

라 카나이유 • 29

랑케(Ranke) • 7, 22, 52, 125

러더퍼드(E. Rutherford) • 73, 143

러셀(B. Russell) • 8, 69, 112, 140~141

러시아 혁명 • 30, 79, 83, 99, 111, 120, 151, 178, 186

《러시아 혁명사》 • 22

레닌(N. Lenin) • 60, 65~66, 111, 127~128, 131~132, 151, 160, 174, 178

레 브라뉘 · 29
레 상킬로트 · 29
레츠(Retz) · 65
《로마 역사》 · 43~44
《로마 인의 위대성, 흥망성쇠의 여러 원인에 관한 고찰》 · 109
로베스피에르(M. F. M. I. Robespierre) · 160
로욜라(Loyola) · 30
로즈(A. L. Rowse) · 22, 55~56
로즈버리(A. P. Rosebery) · 93
로지(Lodge) · 63
로카르노(Locarno) 조약 · 19
로크(Locke) · 8
루비콘(Rubicon) 강 · 9, 11
루소(J. J. Rousseau) · 170
《루이 보나파르트의 브뤼메르 18일》 · 65, 173
루이(Louis) 15세 · 159
루크레티우스(Lucretius) · 138
루터(M. Luther) · 30
리버먼 · 9
리비스(F. R. Leavies) · 66
리처드(Richard) 3세 · 78

리처드 2세 · 64
리쿠르고스(Lycourgos) · 54
립 밴 윙클(Rip Van Winkle) · 177
링컨(A. Lincoln) · 170

□

마르쿠스 아우렐리우스(Marcus Aurelius) · 52
마르크스(K. Marx) · 48, 59, 62, 65, 72, 74, 80, 114~115, 118, 126, 144, 146, 148, 154, 162, 171~176, 178
마리탱(J. Maritain) · 92
마셜(A. Mashall) · 110
마이네케(F. Meinecke) · 48, 49, 125, 133
마치니(Mazzini) · 48
만하임(K. Mannheim) · 81, 86
매카시(McCarthy) · 95~96
매콜리(Macaulay) · 26
맥밀런(Macmillan) · 142
맨더빌(B. Mandeville) · 61
맬서스(T. R. Malthus) · 71, 179
'메시아주의' · 193

멘셰비키(Mensheviki) • 121

모럴리스트(moraliste) • 54

모리슨(S. Morison) • 193, 195

모틀리(Motley) • 94

《목가(牧歌)》• 138

몰리(Morley) • 40

몸젠(T. Mommsen) • 31, 43~44, 48

몽테스키외(C. S. Montesquieu) • 109, 125

무솔리니(B. Mussolini) • 94

무어(G. E. Moore) • 77

《문명사(文明史)》• 72

미국 혁명 • 170

민족자결의 원칙 • 82

민족주의 • 48, 83, 186

밀(J. S. Mill) • 37

ㅂ

바라클러프(G. Barraclough) • 15

바르트(K. Barth) • 91

'바르하이트(Wahrheit)' • 165

바울(Paul) 교회 • 44

바이마르(Weimar) • 18

《백과전서》• 109

버리(I. B. Bury) • 14

버크(Burke) • 71

버클(Buckle) • 72

버터필드(H. Butterfield) • 22, 49~51, 62, 91, 152

버틀러(J. Butler) • 77

벌린(I. Berlin) • 54, 56, 94, 114~115, 117~118, 123, 128, 147, 159~162

《법의 정신》• 109

《법철학》• 132

베르길리우스(Vergilius) • 138

베르댜예프(Berdyaev) • 92, 137

베른하르트 • 18~21

베버(M. Weber) • 74, 96

베이컨(F. Bacon) • 97, 139

베커(Becker) • 24

벤담주의 • 43

벨록(Belloc) • 99

보수주의 • 45~46, 192~193, 195

'보이지 않는 손' • 62, 92, 171

보일의 법칙 • 71

보편주의 • 48

볼셰비키(Bolsheviki) • 87, 111, 119, 121

볼테르(Voltaire) • 22, 109

부르봉 가문(Les Bourbon) • 56

부르주아지(bourgeoisie) • 173

부르크하르트(J. Burckhardt) • 22, 28, 40, 67, 79, 98, 169

브라이턴 • 10

브래들리(F. H. Bradley) • 70, 145

비스마르크(O. E. L. Bismarck) • 48, 65~66, 160, 162~163

비트 제너레이션(beat generation) • 7

빅토리아 시대 • 6~7, 33, 40, 58, 140, 144, 190

《빅토리아 시대의 잉글랜드》 • 58

빈(Wein) 회의 • 82

ㅅ

'사건들에 이름을 붙이는 상표' • 65

사르트르(J. P. Sartre) • 125

사회혁명 • 40, 168~169, 181

산업혁명 • 40, 98~99, 180

서턴 • 20~21

선민사상(選民思想) • 83

《세계 시민주의와 민족국가》 • 48

《세계의 위기》 • 22

소렐(G. Sorel) • 75

솔론(Solon) • 54

슈트레제만(G. Stresemann) • 18~21

《슈트레제만의 유산》 • 18~20

슈펭글러(Spengler) • 52

스노(C. P. Snow) • 105, 134

스미스(A. Smith) • 62, 71, 117~118, 171~172, 179

스콧(C. P. Scott) • 9, 11

스타크 • 49

스탈린(I. V. Stalin) • 87, 92, 94~96, 114, 122

스탈린 전기 • 58

스탠리브리지 웨이크스 • 12, 33

스텁스(Stubbs) • 94, 191

스톨리핀(P. A. Stolypin) • 120

스튜어트(Stuart) 왕조 • 55

스트래치(L. Strachey) • 15

스펜서(H. Spencer) • 58, 69

신(新)프로이트 학파 • 175

실증주의자(實證主義者) • 8

ㅇ

아노미(anomie) • 38

아널드 오브 러그비(Anold of Rugby) • 144

아리스토텔레스(Aristoteles) • 77

아말렉 인 • 91

아비시니아 침공 • 94

아우구스티누스(Augustinus) • 31

《아이네이스》 • 138

아인슈타인(A. Einstein) • 92

《악령(惡靈)》 • 38

악티움(Actium) 해전 • 122

안토니우스(M. Antonius) • 122~123, 134

알렉산더(Alexander) • 122, 128, 131, 124

앙리(Henri) 5세 • 56

애덤스(H. Adams) • 113

액턴(Acton) • 5, 6, 8, 9, 17, 45, 50, 53, 57, 75, 80, 93, 140, 144~145, 155, 166, 170, 188, 191~192, 194

《앤 여왕 시대의 잉글랜드》 • 26, 45

엘리엇(T. S. Eliot) • 45, 54, 60

엘리자베스(Elizabeth) 왕조 • 55

엥겔스(F. Engels) • 99

여호수아 • 91

'역사는 위인의 전기이다' • 55

〈역사에 있어서의 다위니즘〉 • 124

《역사의 관념》 • 24

〈역사적 불가피성〉 • 54

《역사주의의 빈곤》 • 113~114

《역사주의의 성립》 • 49

《열려진 사회》 • 114

영(G. B. Young) • 58

《영국 국민소사》 • 188

《영국인과 그 역사》 • 50

영국 혁명 • 55

영·일동맹(英日同盟) • 185

예카테리나(Ekaterina) 여제 • 64

오크쇼트(Oakeshott) • 25, 193, 195

《옥스퍼드 중사전(中辭典)》 • 8

요제프(Joseph) 2세 • 160

〈우연사관(偶然史觀)〉 • 123

운동법칙 • 71

웨지우드(C. V. Wedgwood) • 55~56, 58

웹스터 장군 • 82

윌리엄(Wiliam) 3세 • 27

윌슨(W. Wilson) • 63

'유럽의 확대' • 189

유럽 혁명 • 46

유토피아주의 • 198

이데올로기(Ideologie) • 40~41, 51~52

이분법(二分法) • 89

《이상한 나라의 앨리스》 • 130

'이성(理性)의 간계' • 62

이스치나(istina) • 165

이스트본 • 10

《이탈리아에서의 르네상스 문화》 • 40

'익명의 천한 사람들' • 61

인력법칙 • 71

'인텔리 혁명' • 47

존슨(Johnson) • 98

존(John) 왕 • 59, 94

《존재와 무(無)》 • 125

좀바르트(W. Sombart) • 74

주드 학원 • 27

지식사회학(知識社會學) • 90

《진보의 관념》 • 140

진화의 법칙 • 71

ㅈ

《자본론》 • 72

《자살론》 • 38

전국민사회 • 188

《전쟁과 평화》 • 62, 126

제임스(James) 1세 • 55

조약항(條約港) • 99

조지(George) 3세 • 46, 192

존스 신부 • 27

ㅊ

차르(tsar) • 111

처칠(W. Churchill) • 22, 122

청교도 혁명 • 83

체스터턴(G. K. Chesterton) • 99

체임벌린(Chamberlain) • 96

초경험적 • 81

초이론적 • 81

치체린(Chicherin) • 21

칭기즈 칸(Chingiz Khan) • 56, 94

ㅋ

카라마조프 • 100

카를(Karl) 대제 • 94~95, 114

카메네프(L. B. Kamenev) • 122

카이사르(G. J. Caesar) • 9, 11, 43~44, 125

카프카(F. Kafka) • 116

칼라일(T. Carlyle) • 60, 79, 159

케렌스키(A. F. Kerenskii) • 121

《케임브리지 근대사》 • 6, 8, 17, 80, 140, 178

코린트 • 14

콘스탄티누스(Constantinus) 대제 • 78

콜링우드(Collingwood) • 24~25, 27~29, 31~32, 63, 70, 77, 124

콩트(I. A. M. F. X. Comte) • 84

크레이턴 • 93

크로체(B. Croce) • 23~24, 94

크롬웰(Cromwell) • 30, 65~66

크리켓(cricket) 사(史) • 158

클라크(G. Clark) • 6~7, 9, 28, 31

클라크(K. Clark) • 12~13

클래런던(Clarendon) • 61

클레오파트라(Cleopatra) • 122~123

클레오파트라의 코 • 113, 122, 124~125, 128, 130, 134

키릴로프(Kirillov) • 38

키케로 • 44

킹즐리(C. Kingsley) • 115

ㅌ

타일러 • 64

타키투스(C. Tacitus) • 124

〈타협론〉 • 40

테일러(A. J. P. Taylor) • 65, 141

테제 • 173

토니(R. H. Tawney) • 158

토인비(A. J. Toynbee) • 44, 52, 94, 125, 137, 146

토크빌(A. C. H. M. Tocqueville) • 153, 170

톨스토이(L. N. Tolstoy) • 62, 65, 126~127

투키디데스(Thoucydides) • 108, 138

튜너(Tudor) 왕조 • 56

트레버로퍼(H. R. Trevor-Roper) • 30, 58, 192, 195

트로츠키(L. Trotskii) • 22, 58, 87, 122~123, 126

트리벨리언(G. M. Trevelyan) • 26~27, 45, 48

티유몽 • 31

ㅍ

파리 강화회의 • 82

파리 코뮌(Paris Commune) • 83

파스퇴르(L. Pasteur) • 92

파슨스(T. Parsons) • 11, 131

파시스트(fascist) • 114

퍼블릭 레코드 오피스 • 19

페르시아(Persia) • 186, 189, 190

페리클레스(Perikles) • 43, 97

페어베언(Fairbairn) • 8

펠로폰네소스(Peloponnesos) 전쟁 • 78

포이어바흐(Feuerbach) • 173

포위크(F. Powicke) • 137

포퍼(K. R. Popper) • 80, 113~116, 128, 133, 193~195

폭스 • 50

폰 될링거 • 17

폴리비오스(Polybius) • 91, 124

폴리스(Polis) • 29

푸가초프(E. I. Pugachyov) • 64

푸앵카레(H. Poincare) • 72, 112

프라우다(Pravda) • 165

프랑스 혁명 • 29~30, 40, 46, 60, 83, 87, 96, 148, 170, 172, 178, 185~186, 191

《프랑스 혁명사》 • 79, 159

프로이트(S. Freud) • 174~176

프로테스탄트(Protestant) • 8, 28, 30, 164

프로테스탄티즘(Protestantism) • 74

프롤레타리아(prolétariat) • 111, 144

프루동(P. J. Proudhon) • 162

프루드(J. A. Froude) • 31

프리드리히(Friedrich) 대왕 • 30

플라톤(Platon) • 114

플레브스(Plebs) • 29

플루타르코스(Plutarchos) • 54

피란델로(Pirandello) • 11

피셔(H. A. L. Fisher) • 45, 52, 124~125

ㅎ

하우스먼(A. E. Housman) • 10

해리슨(Harrison) • 9

헤겔(G. W. F. Hegel) • 62, 66, 92, 113~116, 132, 142, 144, 146, 153~154, 157, 159, 170~172

헤로도토스(Hērodotos) • 108, 138

헤르젠(Horzen) • 172

헤이스팅스(Hastings) 전투 • 10

헨리(Henry) 2세 • 92

헨리 8세 • 92

헬라스(Hellas) • 83

'혁명의 대수학(代數學)' • 172

〈혁신에 대해서〉 • 97

호라티우스(F. Q. Horatius) • 139

호메로스(Homeros) • 54

호이징가(J. Huizinga) • 134

홉스(T. Hobbs) • 77

회의주의자 • 155, 157, 181, 184

휘그(Wihg) • 26, 50, 191

《휘그적 역사 해석》 • 49

히틀러(A. Hitler) • 20, 56, 66, 94~96, 108, 125, 160

고전으로 미래를 읽는다 003
역사란 무엇인가

초판 발행_1988년 11월 30일
중판 발행_2017년 11월 20일

옮긴이_원창엽
펴낸이_지윤환
펴낸곳_홍신문화사

출판 등록_1972년 12월 5일(제6-0620호)
주소_서울시 동대문구 안암로50-1(용두동) 730-4(4층)
대표 전화_(02) 953-0476
팩스_(02) 953-0605

ISBN 89-7055-672-9 03160

ⓒ Hong Shin Publishing Co. Printed in Korea
*값은 뒤표지에 있습니다.
*잘못 만들어진 책은 바꾸어 드립니다.